주자가례에서
비롯된
한국전통가례의
이해

주자가례에서 비롯된 한국전통가례의 이해

 천병준 엮음

KSII 한국학술정보㈜

오늘날 우리는 동양의 전통적 가치와 서양의 산업화에서 온 물질 남용의 혼돈 속에 처해 있다. 그것은 한국전통사상 위에 무분별하게 받아들인 서구의 외래사상이 무질서하게 공존하면서 우리의 의식세계를 황량하게 만들어 놓았다. 사상적 고향을 상실한 우리는 예학사상을 현대적 시각에서 재조명하고 이를 알차게 계승 발전시킴으로써 예학의 바람직한 방향은 모색될 것이며, 따라서 한국 전통 가례사상의 근원을 찾아 재정립하는 일이야말로 우리의 시대적 책무가 아닐 수 없다. 우리는 늘 일상에 있으면서 그것은 늘 우리 곁을 떠날 수 없었고 언제나 우리 앞에 놓여 있는 것이 예의(禮儀)이며 관습(慣習)이었다. 『대학大學』은 "먼저 자신을 닦고 그다음 가정을 가지런히 하는 일"로 우리의 첫 번째 삶의 관건이라고 시사하고 있다. 여기에서 가정(Sweet home)이라는 함축된 개념이 나오는데, 사실 우리가 가정이란 단순히 작은 단위로만 알고 있을지 모르지만 그 속에 자리 잡고 있는 가례(家禮)라는 엄정한 도덕적 잣대는 예로부터 우리를 바르게 이끌고 온 원동력이자 미래에도 우리를 어김없이 전통적 주체의식으로 견인해 나갈 것이 명약관화(明若觀火)하다. 그럼 중국 송대 『주자가례』가 우리나라에 전래된 과정과 그것이 우리나라에 미친 영향을 알아보도록 하자.

먼저 『주자가례(朱子家禮)』란 어떤 책인가를 인지(認知)해야만 전통

가례의 진수(眞髓)와 초석(礎石)을 다지게 될 것이다.『주자가례』는 중국 송대(宋代)의 성리학자인 주자(朱熹: 1130~1200)가 일상생활에 관한 예설을 집록한 4권으로 구성된 책이다. 그의『사고제요(四庫提要)』라는 책에서 가례(家禮)라는 말이 처음 나온다. 이 책에는 가례만 5권으로 되어 있고 부록 한 권이 함께 실려 있다. 더 세밀하게는『성리대전서(性理大全書)』에서의『주자가례(朱子家禮)』를 살펴보면, 권18~21까지 많은 분량의 가례를 집요하게 싣고 있다. 그것은 권1의 가례도설(家禮圖說)에서 가묘(家廟)와 사당(祠堂), 그리고 관리(冠履)가 주축을 이루고 있다. 권2에는 가례서(家禮序)・통례(通禮)・관례(冠禮)・혼례(婚禮) 등을 언급하고 있다. 권3에는 상례(喪禮), 권4에는 제례(祭禮)가 나온다. 그러니까 우리나라로 보면 관혼상제(冠婚喪祭)를 모두 총망라하고 있는 셈이다. 유교사전편찬위원회는『주자가례』가 우리나라의 예학(禮學)에 미친 지대한 영향을 이렇게 찬사하고 있다.

"우리나라에도『주자가례(朱子家禮)』가 성리학 초창기에 중국에서 전래되어 조선조 성리학자들에게 커다란 영향을 주었다. 특히 17세기 이후 예학(禮學)의 흥기(興起)와 아울러 우리나라 사대부(士大夫)들에게 의례(儀禮)를 정착시켰으며, 주석서들이 여러 유학자의 손에 의해서 저술되기도 하였다. 예컨대, 많은 가례 서적이 있지만 그중 대표적인 예로 조선 인종

때 김인후(金麟厚)의 『가례고오(家禮攷誤)』, 명종 때 이언적(李彦迪)의 『봉선잡의(奉先雜儀)』, 이황(李滉)의 『퇴계상제례문답(退溪喪祭禮問答)』 등이 대표로 현존하고 있으며, 그 후에도 선조와 인조를 거처 고종에 이르기까지 수많은 예학서(禮學書)가 출현하였다. 이는 결국 이『주자가례(朱子家禮)』가 우리 유학사(儒學史)에서 특히 예학부분(禮學部分)에서 어떤 위치를 차지했던가를 반증해 주는 것이 되며, 우리 민족예법에 얼마나 깊은 영향을 주었는가를 알도록 해 주는 것이었다"[1]라고 하였다.

19세기에 우리는 외국이 우리보다 부(富)와 무(武)에 앞서 있어 서세동점(西勢東漸) 하는 추세에 있었다. 그러나 이제 역자는 우리가 주도권을 잡아 동세서점(東勢西漸)하고 서심동경(西心東傾)하는 정신의식을 가례의 예학에서 찾아야 한다고 주장하고 싶다. 우리나라는 매년 많은 학생들이 유학길에 오르고 있다. 그리고 특히 그곳에 정착하려는 사람이 무수히 많다. 왜냐하면, 우리나라 유학생들은 서양의 자유자재한 행동과 동양 언어의 다의성(多意性)과는 달리 명료한 외국 언어에 매료되어 송두리째 끌려가고 있기 때문이다. 그러나 그 나라에는 그 나라 나름대로 우리가 모르는 관습이라는 삶의 함정이 언제나 도사리고 있다.

---

1) 유교사전편찬위원회 편, 『유교대사전』, 박영사, 1996. p.1439쪽 참조.

그러므로 우리는 그런 함정이 있다는 것을 알고 서서히 대처해 나가야 할 것이다. 예컨대, 그들은 그들의 문화가 고질화·경직화되어 있어 흑백 인종으로 갈라져 색안경을 쓰고 보는 입장에서 우리가 백 년 아닌 천년을 그 나라에 살아도 그 나라 사람들은 우리를 그들의 자국민이라고 인정하지 않는다. 이것이 바로 미국이며 유럽이다. 역자는 미국이나 유럽을 폄하시키거나 멸시해서 말하려는 의도는 절대 아니다. 그들은 우리를 보고 그들의 상념 속에 기껏해야 인구가 많은 중국인이거나 혹은 일본인, 기타 동남아인이라고 겉으로만 못 박고 있는 것이다. 우리 몸에는 한국의 피가 흐르고 미국인은 각국에서 혼합된 하이브리드(hybrid)적 혼혈(混血)이 흐르고 있다. 우리는 우리나라에 태어났음을 더없는 긍지로 여기고 우리 예학의 실체를 정확히 인식해야 할 것이다. 관혼상제의 가례는 유구한 전통관습이고 이것만이 지고한 동양정신이며 문화유산의 절대가치(絶對價値)인 것이다. 여기에서 나오는 "절대가치"란 효(孝)를 단초로 하여 상례(喪禮)는 "형식을 갖추기보다는 차라리 슬퍼해야 된다는 것"(각주11)이며, 제례(祭禮)는 "돌아가신 이 섬기기를 살아 있는 이 섬기듯이 하는 것"(각주10)이고, "제사를 잘 모시면 백성의 덕이 돈후하게 된다는 것"(각주12)으로 이것은 우리가 모두 내세(來世)를 현상의 연장으로 보고 제례나 상례에서는 돌아가신 이를 현실에서 보듯이 정성으로 모시는 것은 동양적 혹은 한국적 인간만의 인본주의에 입각한 진솔한 도덕률(道德律)인 것이다.

그리고 이 역서를 내는 과정에서 역자는 언제나 독자들에게 실제로 상(喪)을 당하거나 제사를 지내거나 당사자가 겪는 실무[實務: 혼례, 상례, 제례]에 관심을 갖고 있었다. 그래서 의식절차는 모두 두루 수록했지만 각각의 까다로운 축문에 많은 시간을 할애하면서 독자가 쉽게 이해하도록 원문과 해설에 특별히 관심을 기울였다. 그리고 제례의식에도 마찬가지였다.

끝으로 가례학(家禮學)을 연구하시는 강호제현께 변함없는 지도편달과 질책(叱責)이 있기를 바란다. 그리고 이 책을 내기 위해 인연을 깊이 간직해 준 한국학술정보(주) 채종준 대표이사님께 경의를 표하며, 아울러 이 책 출판을 위해 많은 전화를 드려도 언제나 친절하신 강태우 팀장님과 출판팀 제위께도 감사하다는 말을 전하고 싶다.

언제나 깨어 있는 서재에서
2012년 4월 천병준

|차 례|

책머리에 · 5

제1부 관례의식(冠禮儀式)

1. 관례의식(冠禮儀式)의 절차 · 16
2. 관례식에 필요한 준비물 · 23
3. 계례의식(筓禮儀式) · 24

제2부 혼례의식(婚禮儀式)

1. 전통혼례식(傳統婚禮式) · 29
2. 초례(醮禮) · 42
3. 전안례(奠雁禮) · 42
4. 교배례(交拜禮) · 44
5. 합근례(合卺禮) · 45
6. 우례(于禮) · 46
7. 현구고례(見舅姑禮) · 46
8. 결혼청첩장 · 48

제3부 상례의식(喪禮儀式)

1. 초종(初終) • 54
2. 고복[皐復: 초혼(招魂)] • 55
3. 부고(訃告) • 55
4. 염습(殮襲) • 58
5. 영좌(靈座) • 59
6. 명정(銘旌) • 59
7. 성복(成服) • 61
8. 조상(弔喪) • 64
9. 우제(虞祭) • 70

제4부 제례의식(祭禮儀式)

1. 일반 가정에서 봉행해 온 제사의 종류 • 88
2. 『주자가례(朱子家禮)』에 의한 기제사(忌祭祀)
   준비과정 • 89
3. 제상(祭床)에 진설(陳設)하는 차례 • 89
4. 제사(祭祀) 지내는 순서 • 94
5. 제사 지내는 시간 • 97
6. 지방(紙榜) 쓰는 방식 • 98
7. 제사축문(祭祀祝文)의 해설과 서식 • 100
8. 묘제(墓祭) • 109
9. 사시제(四時祭) • 112

제1부
관례의식
(冠禮儀式)

1. 관례의식(冠禮儀式)의 절차
2. 관례식에 필요한 준비물
3. 계례의식(筓禮儀式)

단군성전(檀君聖殿)

▲ 소재지 : 서울시 종로구 사직동 산 1-50

우리 나라의 국조(國祖)인 단군왕검(檀君王儉)을 모시고, 단군의 건국 이념과 민족의 주체성을 후세에 널리 펴기 위하여 세운 전각이다. 부여, 고구려, 백제, 신라, 가락국, 고려, 발해, 조선 등 역대왕조의 시조 위패가 모셔져 있다.

관례란 나이가 찬 젊은이에게 성인으로서의 자부심과 책임감을 일깨워주는 의식을 말한다. 남자에게는 머리에 관(冠)을 씌워주며 관례(冠禮)라고 하고, 여자에게는 머리에 비녀를 꽂아주며 계례(笄禮)라고 한다. 우리는 세계의 여러 민족들을 보면 소년기를 벗어나 청년기를 맞이하여 일정한 나이가 들면 성년식(成年式)을 베푸는 풍습을 많이 볼 수 있다. 거기에는 가혹한 정신적·육체적 시련을 가하기도 한다. 우리나라에도 예외는 아닐 것이다. 1973년에 "성년의 날"을 제정하여 만 19세가 되면 젊은이들에게 사회인으로서의 자각과 긍지를 심어주고 있다. 관례와 계례는 유교적 예교(禮敎)에서 비롯된 것으로 우리나라에서 시행된 공식적 첫 기록은 『고려사』[1]에서 보인다. 이것은 주로 왕가와 사대부 집안에서 시행해 오다가 조선시대에 들어와서는 『주자가례朱子家禮』를 바탕으로 점차 일반 서민층으로 퍼져나갔다. 우선 관례부터 설명하면 다음과 같다.

---

1) 고려 광종16년(965) "봄 2월에 아들 주에게 관례를 하고 왕태자로 삼았다.(春二月 加子仙 元服立爲王太子)" (『高麗史』「世家」卷 第二 光宗)

1. 관례의식(冠禮儀式)의 절차

관례의식을 도와주는 사람을 찬(贊)이라고 하는데, 이 찬은 대문밖에 나와 서쪽을 향해서 있다가 손님이 도착하면 집 안으로 들어가 주인에게 알린다. 그러면 주인이 밖으로 나와 손님을 정중히 맞이하고 서쪽을 향하여 두 번 절하면 손님 또한 받은 절의 답으로 주인에게 절한다. 이때에 주인이 찬에게 읍하면 찬 역시 따라서 읍한다. 주인이 조계로 올라가 동쪽에서 서쪽으로 향해서면 손님은 서계로 올라가 서쪽에서 동쪽으로 향해 선다. 찬은 대청 안으로 들어서면서 서쪽을 향해 주인과 마주 대하여 서고, 빈은 대청 중간의 가까운 곳에다 자리를 까는데 약간 동쪽으로 향한다. 이러한 절차가 끝나면 관례를 치를 사람이 방에서 나와 방문 밖의 약간 서쪽으로 서며 종가의 장남이나 그의 아버지가 뒤따라 나가 손님을 마중한 다음에 주인의 뒤에 선다.

1) 첫 번째 가례(初加禮)

- 남자의 나이 15세에서 20세 사이에 모두 관례를 한다.
- 부모가 기복년(朞服年: 1년)[2) 이상의 상중(喪中)이 아니어야 하며, 대공복(大功服: 9개월)[3)도 장례를 치르기 이전이면 시행할 수 없다.
- 주인은 할아버지나 아버지가 되며, 사흘 전에 주인이 사당에 술과 과일, 그리고 포육(脯肉)을 차려놓고 이 행사의 뜻을 축문으

---

2) "기복(朞服)"이란 당사자의 부모가 세상을 떠난 지 만 1년이 지나지 않으면 관례를 치를 수 없다.

3) "대공복(大功服)"이란 5복의 하나로 대공친(大功親: 종형제 자매, 중자부, 중손, 중손녀, 질부, 남편의 조부모, 백숙부모, 질부 등 겨레붙이)의 상사에 9개월간 입는 복제를 말한다.

로 아뢴다. 이 축문은 다음과 같다.

▶ 관례축문서식(冠禮祝文書式)

維
유

歲次 壬辰 正月 庚申朔 初三日 壬申 [某]孫 [某]
세차 임진 정월 경신삭 초삼일 임신 모 손 모

敢昭告于
감 소 고 우

顯高祖考處士府君
현 고 조 고 처 사 부 군

顯高祖妣孺人[某]氏 [某]之子 [某]年漸長成 今將加冠
현 고 조 비 유 인 모 씨 모 지 자 모 연 점 장 성 금 장 가 관

謹以 酒果用伸 虔告謹告
근 이 주 과 용 신 건 고 근 고

〈해설〉
임진년 정월초삼일에 모 손 모(이름)는(은) 삼가 묘위(廟位)에 감히 고하나이다. 모의 아들(이름)의 나이가 점점 장성하여 이제 곧 관례를 드리려고 하오니, 삼가 주과(酒果)를 진설해 놓고 이에 공손히 고합니다(축문관계는 뒷면의 상례에서 상세히 상술함).

· 연점(年漸) - 나이가 점점 들어감.
· 가관(加冠) - 관례를 드림.
· 주과용신(酒果用伸) - 술과 과일을 올림. 술과 과일을 폄.
· 건고(虔告) - 정성으로 고함. 공손히 고함.

· 빈(賓)을 정해 부탁한다. 빈은 주례로서 아버지 친구 중에 인격이 있고 예를 잘 아는 분에게 청탁한다.
· 하루 전날 빈에게 다시 알려준다.
· 행사는 집안에서 하며 대청마루 아래 동북쪽에 손 씻을 물대야와 수건을 준비해 두고 대청으로 오르는 계단은 동서로 두 개라야 하는데 만약 하나뿐이라면 중앙에 횟가루로 금을 그어 두 개로 만든다.

- 그날 아침 일찍 일어나 의식에 쓸 관과 의복을 진열해 놓는다.
- 시간이 되면 주인 이하 모두 줄을 지어 선다. 뜰아래 마당에 서는데 동쪽 계단 아래서 약간 동서 향으로 선다.
- 자제나 친척 중에서 빈자 한 사람을 택해 대문 밖에서 서향으로 서 있게 한다(빈이 당도하는 것을 기다리는 것이다).
- 관례를 받을 젊은이는 대청 위 방안에 있어야 한다.
- 빈이 대문 밖에 이른다.
- 빈은 자기 자제나 친척 중에서 예에 익숙한 젊은이를 택해 찬자로 삼는다.
- 찬자도 대문 밖에서 동향으로 서 있어야 한다.
- 빈자가 들어가서 주인에게 빈이 당도했음을 알린다.
- 주인이 대문 밖으로 나가 빈에게 두 번 절한다.
- 빈이 주인에게 답배(答拜)한다.
- 주인이 찬자에게 읍하고 찬자도 답읍(答揖)한다.
- 주인이 읍하고서 빈을 인도해 대문 안으로 들어간다.
- 빈자와 찬자가 뒤를 따른다.
- 뜰아래에서 주인은 동쪽계단 아래 서고 빈은 서쪽계단 아래에 선다.
- 주인과 빈이 서로 읍하고 사양하다가 주인이 먼저 오르고 빈이 이어 오른다.
- 대청위에서 주인과 빈이 서로 마주보고 선다.
- 찬자는 손을 씻고 서쪽계단을 올라 방안에 든다.
- 빈자는 마루위에서 북서 향으로 선다.
- 관례를 받을 자가 나와 남향으로 선다.

- 빈이 관례를 받을 자에게 읍하고 자리에 선다.
- 찬자가 빗과 망건(網巾)을 자리에 놓고는 관자의 왼쪽에 선다.
- 빈이 계단을 내려간다.
- 주인이 따라 내려간다.
- 빈이 손을 씻고 나면 주인이 읍을 하고 계단을 오르게 한다.
- 빈과 주인이 본자리로 돌아온다.
- 집사자가 관을 받쳐 든 소반을 들고 온다.
- 관자가 자리에 꿇어앉는다.
- 빈이 한 발자국 나아가 받아 들고는 천천히 관자의 앞쪽으로 가서 축을 읽는데 "좋은 달 좋은 날에 처음으로 관을 더해주노니 너의 어린 뜻을 버리고 덕을 이루도록 하여라. 건강하게 오래 살고 큰 복을 받을 지어다"[4]라고 한다.
- 꿇어 앉아 관을 씌워준다(찬자가 옆에서 도와준다).
- 빈이 일어나서 읍하고 관자는 다시 방으로 들어간다. 이상이 초가례(初加禮)로 치포관(緇布冠)[5]에다 대대(大帶: 심의를 입을 때 두르는 넓은 띠) 복건(幞巾: 머리에 쓰는 건). 심의(深衣: 웃옷) 흑니(黑履; 신)가 관자(冠者)의 차림이 된다.

2) 두 번째 가례(再加禮)

① 관자가 다시 방에서 나온다.

---

4) 축문은 "吉月令日 始加元服 棄爾幼志 順爾成德 壽考維祺 以介景福"

5) 치포관(緇布冠)은 검은 색의 베나 종이를 몇 겹으로 두껍게 붙여서 만든 관으로 옛날부터 관례를 올릴 때 제일 먼저 썼다. 중국 한나라 시대는 진현관(進賢冠)이라 하여 벼슬을 하지 않는 선비나 유학자들이 평시에도 썼다고 한다.

② 빈이 관자에게 읍한다.

③ 관자가 꿇어앉는다.

④ 집사자가 관을 받쳐 든 소반을 들고 나온다.

⑤ 빈이 두 발자국 나아가 받아 들고 천천히 관자에게 온다.

⑥ 관자 앞에 축문을 읽는다. "좋은 달 좋은 날에 거듭 너의 머리에 관을 더해 주니 너의 몸가짐을 가다듬고 네 덕을 삼가하여라. 건강하게 수를 누리고 큰 복을 받을 지니라"[6]라고 한다.

⑦ 꿇어 앉아 관을 씌어준다.

⑧ 빈이 일어나서 읍을 하고 관자는 절하고 다시 방으로 들어간다 이상이 재가례(再加禮)로 모자(帽子)=사모(紗帽)에다 혁대(革帶: 조삼위에 메는 띠) 조삼(皁衫: 도포와 비슷하며 흑색 또는 청색이다.) 계혜(繫鞋)가 관자의 차림이 된다.

3) 세 번째 가례(三加禮)

① 관자가 다시 방을 나온다.

② 빈이 관자에게 읍한다.

③ 관자가 꿇어앉는다.

④ 집사자가 관을 받쳐 든 소반을 들고 나온다.

⑤ 빈이 세 발자국 나아가 받아 들고 천천히 관자에게로 온다.

⑥ 관자 앞에서 축문을 읽는데, "좋은 해 좋은 당에 모두 너의 머리에 관을 더해주었으니 형제와 화목하게 지내고 너의 덕을 이루

---

6) 관자의 축문은 "吉月令辰 乃申爾服 謹爾威儀 淑愼爾德 眉壽永年 享受遐福"

도록 하여라. 길이 오래 살고 하늘의 경사로움을 받을지니라"[7]
라고 한다.

⑦ 꿇어 앉아 관을 씌어준다.

⑧ 빈이 일어나서 읍을 하고 관자는 절하고서 물러난다. 이상이 삼
가례(三加禮)로 복두(幞頭: 사모와 비슷하며 뒷쪽의 좌우에 날개
가 있음)와 혁대(革帶: 조삼위에 메는 띠) 난삼(襴衫) 목화(木靴)가
관자의 차림이 된다.

⑨ 찬자가 모두 치운다.

4) 술 마시는 초례의식(醮禮儀式)

① 찬자가 술주전자와 술잔 등 술상을 들고 나온다.

② 관자가 방을 나와 꿇어앉는다.

③ 빈이 관자에게 읍한다.

④ 찬자가 술잔에 술을 따른다.

⑤ 술잔을 관자 앞에 놓고서 빈이 축을 읽는다. "맛난 술이 맑고 향
기로우니 삼가 하늘과 땅에 올려 상서로움을 구하도록 하여라.
하늘의 아름다운 덕을 이어받아 길이 누리며 잊지 않도록 하여
라"[8]라고 한다.

⑥ 빈이 술잔을 준다.

⑦ 관자가 두 번 절하고 술잔을 받아 든다.

---

7) 관자 앞에서 읽는 축문은 다음과 같다. "以歲之正 以月之令 咸加爾服 兄弟俱在 以成厥德 黃耇無疆 受天
之慶"

8) 관자 앞에 술잔을 놓고 빈이 축문을 읽음은 다음과 같다. "旨酒旣淸 嘉薦令芳 拜受祭之 以定爾祥 承天之
休 壽考不忘"

⑧ 빈이 제자리로 가서 동 향배 답배한다.

⑨ 관자가 자리에 꿇어앉은 채 술을 땅(퇴주잔)에 부어 제를 지니고는 일어선다.

⑩ 자리 끝으로 가서 꿇어앉아 술을 마신다.

⑪ 관자가 제자리로 가서 잔을 찬자에게 준다.

⑫ 관자가 두 번 절한다.

⑬ 빈이 답배한다.

⑭ 관자가 찬자를 향해 절한다.

⑮ 찬자가 답배한다.

5) 물러가는 의식(乃退儀式)

빈이 관자에게 자(字)를 지어주고 다음과 같이 의식을 거행한다.

① 빈이 계단을 내려 동향으로 서고, 주인은 계단을 내려 서향으로 선다.

② 관자는 서쪽 계단으로 내려 약간 동남향으로 선다.

③ 빈이 자를 지어주는 축문을 읽는다. "예의를 다 갖췄으니 좋은 달 좋은 날에 너의 자(字)를 알려주노니 이 자는 크게 아리따워 착한 선비가 마땅하리라. 마땅히 큰 복을 받을지니 평생토록 지니도록 하여라"[9]라고 한다. 그리고 "너의 자(字)는 ○○이니라"라고 하여 일러준다.

---

9) 빈이 자를 지어 주는 축문은 다음과 같다. "禮儀旣備 令月吉日 昭告爾字 爰字孔嘉 髦士攸宜 宜之于嘏 永受保之".

④ 관자가 "제가 비록 불민하나 평생토록 삼가 받들겠습니다"라고
　　대답한다.
⑤ 빈이 달리 자의 뜻을 설명하는 글을 써서 주기도 한다.
⑥ 각자 자기처소로 돌아간다.
⑦ 빈이 물러가기를 청하면 주인이 "간소하지만 대접하는 자리를
　　마련하였습니다"라고 하고 빈을 모시고 간다.
⑧ 빈이 사양하다가 따라간다.

6) 사당 현알의식(祠堂見謁儀式)

① 주인이 관자를 사당으로 데리고 가서 현알(見謁: 의식을 마치고
　　조상을 뵙는 것)하게 한다.
② 관자가 어른들을 뵙는다.
③ 주인은 빈을 대접한다.
④ 주인이 빈과 찬자, 그리고 빈자에게 선물을 준다.
⑤ 관자는 이웃어른 및 벗들과 만나고 대접함으로써 관례의식이
　　모두 끝나게 된다.

2. 관례식에 필요한 준비물

　① 장막(帳幕), ② 병풍(屛風), ③ 빈석(賓席), ④ 관자석(冠者席), ⑤ 초
석(醮席), ⑥ 치포관(緇布冠; 각주 5참조), ⑦ 무(武: 치포관을 썼을 때
이마가 닿는 곳에 고리 모양으로 만든 것), ⑧ 복건(幞巾: 머리에 씀),

⑨ 심의(深衣: 웃옷), ⑩ 대대(大帶: 심의를 입을 때 두르는 넓은 띠), ⑪ 수조(修組: 대대를 두른 다음 매는 끈), ⑫ 니(履: 신), ⑬ 조삼(皁衫: 도포와 비슷함), ⑭ 혁대(革帶: 조삼 위에 메는 띠), ⑮ 혜(鞋: 가죽으로 만든 신), ⑯ 복두(幞頭: 사모와 비슷함), ⑰ 난삼(襴衫), ⑱ 약(掠: 망건처럼 머리에 두름), ⑲ 각사(角柶: 수저와 비슷함), ⑳ 포혜(脯醯: 포육과 식혜), ㉑ 잔대(盞臺) 등

3. 계례의식(笄禮儀式)

옛날에는 여자도 14세 이상이 되면 비록 혼인을 정한 곳이 없을지라도 계례의식을 치렀다.

계례란 처녀가 최초로 머리에 비녀를 꽂는 의식을 말하는데, 어머니가 주장이 된다. 주례는 친척 중에 어질고 예법에 밝은 부인을 정해서 행사 3일전에 청한다. 계례를 시행하는 날이 되면 아침 일찍 의식에 필요한 의복을 내놓고 차례대로 서 있다가 주례를 정중하게 맞이한다. 이때 계례자의 어머니가 주인의 자리에 선다. 주례가 방안으로 들어가서 계례자인 처녀에게 비녀를 꽂아 주면 계례자는 다른 방으로 자리를 옮겨가서 배자(褙子)를 입는다. 이때 계례자가 입는 배자는 저고리 위의 덧입는 소매가 없는 옷으로 색깔이 있는 비단이나 명주로 만들고, 길이는 치마길이와 같다. 배자를 입고나면 이어서 제사를 지내고 자(字)를 지어 부르고, 주인이 계례자를 사당에 데리고 가서 참배시킨 다음 손님을 대접한다.

1) 계례의식의 절차

(1) 서립의식(序立儀式)
① 계례자의 어머니는 관례의식을 치를 때와 같이 주인의 위치인 조계아래에서 서쪽을 향해 선다.
② 계례자는 방 안에서 머리를 두 갈래로 하여 붙이고 남쪽을 향하여 선다.

(2) 영빈의식(迎賓儀式)
① 빈을 맞아들이는 의식으로 덕망이 있고 예의범절이 바른 부인을 택하여 빈이 도착하면 주인은 조계로 오르고 빈은 서계로 오른다.
② 주인은 동쪽에서 서쪽으로 향하고, 빈은 서쪽에서 동쪽으로 향한다.
③ 시자(侍者)는 동계 위쪽에 자리를 깔고 남향으로 선다.

(3) 가관계례의식(加冠笄禮儀式)
① 계례자가 방안에서 나오면 시자가 빗을 자리 왼쪽에 놓는다.
② 빈이 계례자의 손을 잡고 자리로 안내하여 서쪽을 향하도록 꿇어앉힌다.
③ 시자가 계례자와 같은 방향으로 꿇어 앉아 계례자의 머리를 빗으로 빗고 쌍곡을 해준다.
④ 주인과 빈이 세수를 하고 올라가 자세를 바로 하여 앉으며 시자가 관계를 건네주면 빈이 받아서 축문을 올린 다음 계례자의 머

리를 올려 비녀를 꽂아주고 자기자리로 돌아온다.

⑤ 계례자가 방 안으로 들어가서 배자(褙子)를 입고 나오면 축문을 낭독하며, 축문의 내용은 관례 시와 같고 초례축과 자축도 역시 같은데, 다만 자사(字辭)에서 모사(髦士: 준수한 선비)라는 말대신 여사(女士: 학덕이 높은 여자)라는 말을 쓴다.

(4) 내초의식(乃醮儀式)

① 시자가 술잔을 들고 계례자의 왼쪽에 가서 서면 계례자에게 읍하고 자리로 안내한다. 그런 다음, 계례자가 네 번 절하면 빈이 답배(答拜)한다.

(5) 내자의식(乃字儀式)

① 빈과 주인이 함께 내려가서 주인은 동쪽에서고 빈은 서쪽에 선다.
② 계례자가 서계로 내려가 남쪽으로 향하면 빈이 계례자에게 자(字)를 지어주고 축문을 낭독한다.
③ 계례자는 빈에게 네 번 절하고 빈은 답배하지 않는다.

(6) 사당현알의식(祠堂見謁儀式)

절차는 관례의식 때와 동일하나 아버지가 아닌 어머니가 계례자를 데리고 사당에 참배하고 축문을 낭독한다.

(7) 예빈의식(禮賓儀式)

이와 같은 모든 의식절차가 끝나면 마지막으로 손님을 대접하는 것으로 계례의식이 모두 끝난다.

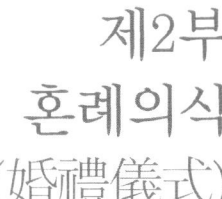

제2부
혼례의식
(婚禮儀式)

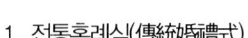

1. 전통혼례식(傳統婚禮式)
2. 초례(醮禮)
3. 전안례(奠雁禮)
4. 교배례(交拜禮)
5. 합근례(合巹禮)
6. 우례(于禮)
7. 현구고례(見舅姑禮)
8. 결혼청첩장

종묘(宗廟)

▲ 소재지 : 서울시 종로구 와룡동

조선 왕조(朝鮮王朝)의 역대왕과 왕비, 그리고 추존(追尊)된 왕과 왕비의 신주(神主)를 모신 묘당으로서, 정전(正殿)을 비롯하여 전사청(典祀廳), 재궁(齋宮), 향관청(享官廳)이 있고 별묘(別廟)인 영녕전(永寧殿)이 있다. 정전에는 금상왕(今上王)의 4대조, 즉 고조·증조·조부·부의 4친왕과 그의 비(妃)를 모시고, 그 밖에 창업주인 태조와 역대왕 중 공덕이 큰 왕과 왕비를 모시고 제사하는 곳이다. 또, 영녕전은 종묘에 모시지 않은 5세(世) 이상의 왕을 모시는 묘이다.

1. 전통혼례식(傳統婚禮式)

혼례는 사례(四禮: 관(冠)・혼(婚)・상(喪)・제(祭)) 중의 하나로 나이
찬 남자와 여자가 짝을 지어 새로운 삶을 시작하는 예식이다. 이것은
가문의 전통을 잇기 위한 신성한 결합이며, 오랜 전통을 지닌 가정과
가정끼리의 결합이라고도 할 수 있다. 전통혼례는 크게 두 가지로 나
누어 말할 수 있는데 우리 겨레가 역사를 열고 문화를 일구어 오는
동안 저절로 정착된 혼인의식이 그 하나이다. 고려 말 정주학(程朱學:
정자와 주자의 학문)을 수용하면서 배우게 된 유교적 혼인의식이 그
하나이다. 일반적으로 위의 고대 혼속을 초서혼(招婿婚)이라 일컫는다.
　남녀가 결합해서 부부를 이룬 뒤에 가정을 어디에서 꾸미느냐에 따
라 가취혼(嫁娶婚)과 초서혼[(招婿婚: 서입혼婿入婚, 남부여가혼(男婦女家
婚)]으로 나뉘는데 가취혼은 여자가 남자의 집으로 시집가서 그 집 식구
와 살아가는 형태이고, 초서혼은 남자가 여자 집으로 장가가서 그 집 식
구와 살아가는 형태이다. 초서혼으로 말하면 데릴사위 형태인데, 우리
의 고대혼인 풍습이 이러하였다. 그런데 하나 유의할 것은 남자가 처가

로 들어가서 살지만 일정한 기간이 지나면 아내와 자식을 데리고 자기 집으로 돌아왔다고 한다. 옛 기록에 의하면 집안에 딸이 있어 장성하면 본채 뒤에 자그마한 집을 새로이 짓는데 이것을 서옥(婿屋)이라 일컫는다. 혼인하기로 약속된 총각이 양가에서 혼인 날짜를 정하게 되면 그날 해가 저문 뒤에 총각이 처녀 집 대문밖에 와서 꿇어앉아 이름을 말하고는 엎드려 "댁의 따님과 혼인하고 싶습니다"라고 하며 재삼 간청을 한다. 처녀의 부모가 이를 받아들여 마당에서 초례를 치른 후 서옥에서 화촉을 밝히고 첫날밤을 지내고, 줄 곳 눌러살게 된다는 것이다. 이렇게 처가에서 가정생활을 하는 사이 자식을 낳게 되고 자식이 장성하면 비로소 처자를 이끌고 자기 집으로 돌아간다는 것이다. 이러한 우리의 혼인 풍속은 물론 고대 사회에 있어서도 인류 공통의 모계사회라는 흔적을 알 수 있다. 어찌하거나 널리 행해진 풍속인 것만은 분명하다. 한 민족의 풍속이란 끈질긴 것이어서 고려(高麗) 말(末) 주자학(朱子學)이 들어온 후『주자가례朱子家禮』에 의한 유교의식이 시행된 후에도 이 혼속의 영향은 쉽게 사라지지 않고 있다. 전통혼례에서는 육례(六禮)를 갖춘다는 말을 자주 쓴다. 의례절차를 완전히 밟았다는 뜻이다. 이 육례는 ① 납채(納采), ② 문명(問名), ③ 납길(納吉), ④ 납폐(納幣), ⑤ 청기(請期), ⑥ 친영(親迎)이다. 이것을 말하자면 혼례의식의 여섯 단계이다.

1) 의혼(議婚)

고대의 남녀 혼기에 대해서 "남자는 16세에서 30세 이내에 혼인하고, 여자는 14세에서 20세 이내에 혼인한다"라고 하였다. 의혼이란 직역 그대로 "혼인을 의논하는 것"으로 신랑과 신부 양가에서 서로 사람을 보내어 상대방 인물과 학식, 형세, 가법 등을 조사하고 혼인 당사자의 궁합을 본 다음에 두 집이 합의되면 혼인을 허락하는 것으로서 이를 면약(面約)이라고도 한다. 그런데 혼인할 당사자나 혼인을 주장하는 호주가 기년(朞年) 이상의 상중(喪中)일 때는 혼인할 수가 없다. 그다음 사돈이 되는 양가는 청혼서와 허혼서를 서로 교환한다. 이 청혼서와 허혼서는 아래 양식과 같다.

▶ 청혼편지서식(請婚片紙書式) - 한문

伏惟盟春[계절에 따라 다르게 씀]
복 유 맹 춘

尊體候以時萬重　仰素區區之至　第家兒○○親事　年及加冠
존 체 후 이 시 만 중　앙 소 구 구 지 지　제 가 아　　　친 사　　년 급 가 관

尚無指合處　近聞○洞○氏家　閨養淑哲云　能其勸誘
상 무 지 합 처　근 문 　동 　씨 가　규 양 숙 철 운　능 기 권 유

使結秦晋之誼　如何　餘不備禮謹拜上狀
사 결 진 진 지 의　여 하　여 불 비 례 근 배 상 장

　　　　　　　　　年　月　日　弟　○○○　拜上
　　　　　　　　　년　월　일　제　　　　　　배 상

〈해설〉
때는 맹춘이온데 존체 후 항상 대안하시겠죠? 평소부터 우러러 사모해온데 저의 미비한 자식이 혼인을 할 나이가 되었으나 아직 적합한 곳이 없어 혼인을 시키지 못하였더니 요즘 듣건대, ○동 ○씨의 규수가 맑고 현명하니 그곳에 청혼하기를 권유합니다. 귀하의 귀한 딸과 제 자식을 배필로 맺추어주심이 어떻습니까? 예의를 다 갖추지 못하고 삼가 절하고 이 글을 올립니다.
　　　　　　　　　년　월　일　　○　○　○　배상(올림)

────────────────────────────────

· 복유(伏惟) - 생각하옵건대. 문장으로 올리는 인사.
· 만중(萬重) - '편안함'의 높임말.　· 앙소(仰素) - 평소에 우러러.
· 구구(區區) - 사랑함. 사모함.　· 규양(閨養) - 규수. 예비며느리.
· 숙철(淑哲) - 맑고 현명함.　· 운(云) - 남의 말을 빌려서 말함. 어조사.
· 진진(秦晋) - 중국춘추시대 진(秦)과 진(晋)의 두 나라가 있었는데, 이 두 나라가 대대로 혼인하였음으로 진진의 호(好)라고 한 데서 온 말. 배필.
· 여하(如何) - 어떠 하온지요?　· 불비례(不備禮) - 예의를 갖추지 못함.
· 근배(謹拜) - 삼가 절함.　· 상장(上狀) - 글월을 올림.

▶ 청혼편지서식 – 한글

삼가 아뢰옵니다.
시하 존체 금안하심을 비오며 아뢰올 말씀은 이번에 귀댁의 규수 ○○
양과 저의 장남 ○○와의 혼담이 이뤄짐을 저희 가문의 기쁨으로 생각
하옵고 삼가 청혼하오니 허락하여 주시옵기를 바라나이다.

년　　　월　　　일

○　　○　　○ 인

○　　○　　○ 귀하

▶ 허혼편지서식(許婚片紙書式) – 한문

伏惟孟春
복유맹춘

尊體動止候萬重　仰慰區區之至 第女兒
존체동지후만중　앙위구구지지 제여아

親事不鄙寒陋 如是謹勸敢不聽從
친사불비한루 여시근권감불청종

餘不備伏惟　尊照謹拜上狀
여불비복유　존조근배상장

年　　月　　日　　○　○　○　　拜上
년　　월　　일　　　　　　　　배상

〈해설〉
따뜻한 봄철에 존체 만안하신지요. 저도 역시 귀하를 사모하던 차에 글을 받고 보니 참으
로 영광이옵니다. 저의 미천한 여아를 마다하지 않으시고 청혼하여 주시니 어찌 귀하의 뜻
을 따르지 않겠습니까. 글로 인사를 다 갖추지 못하며 삼가 엎드려 절하고 글월을 올립니다.

- 복유(伏惟) – 삼가 생각하옵건대. 문장에 처음 올리는 인사.
- 존체(尊體) – 높으신 몸.
- 구구(區區) – 사랑함, 사모함.
- 한루(寒陋) – 가난하고 미천함.
- 근배(謹拜) – 엎드려 절함.
- 배상(拜上) – 삼가올림. 편지 끝에 자기이름 아래 쓰는 말.
- 만중(萬重) – '편안함'의 높임말.
- 친사(親事) – 혼사. 혼인에 관한 일.
- 덕종(德從) – 덕을 쫓음, 뜻을 따름.
- 상장(上狀) – 글월을 올림.

▶ 허혼편지서식 - (한글)

존당의 만복을 기원합니다.
수재 아드님 ○○군과 저의 집 영아 사이의
청혼의 글월을 받으니 저희 가문의 기쁨으로
깊이 감명받았사옵니다. 이에 허혼하오니
금후의 절차에 대해서 하교 있으시길 바라옵니다.
　　　　　　　　　　년　　월　　일
　　　　　　　　　　　　○ ○ ○인
○ ○ ○ 귀하

2) 납채(納采)

일단 혼인이 결정되면 신랑의 사주를 적어 신부의 집으로 보내고, 혼인 날짜가 정해지면 다시 신부의 집으로 혼서지를 보내는데 이를 일컬어 납채(納采)라고 한다. 납채를 보낼 때는 아침 일찍 일어나 편지를 받들고 사당에 가서 아뢰고 자제를 시켜 신부의 집으로 보낸다. 그러면 신부의 집에서는 주인이 나와서 편지와 납채를 가지고 사당에 가서 아뢴다. 그런 다음 편지의 답장을 써서 주고 음식을 대접하며 답장을 받은 신랑 측에서는 주인이 이 사실을 다시 사당에 아뢴다.

(1) 사성(四星)

사성이란 곧 사주(四柱: 연·월·일·시(年月日時)로서 남자의 집과 여자의 사이에 혼약이 이뤄지면 남자 집에서 사성을 보낸다. 옛날에는 사주만을 써서 중매인 혹은 자제를 보냈는데 경술년(庚戌年) 이후로는 사주를 보낼 때 소위 사주저고리라 하여 다른 보에 싸서 보냈다.

현재는 치마저고리 한 벌이나 두 벌을 사주와 같이 보내기도 한다. 이 사주를 받으면 절대적인 혼약이 이뤄진 셈이다. 사주의 서식과 편지서식은 아래와 같다.

▶ 사주서식(四柱書式)

```
------------------------------------------------
          丙辰 八月 十日 巳時 生(병진 팔월 십일 사시 생)
------------------------------------------------
```

▶ 사주봉투의 앞면과 뒷면 쓰기

```
⊠<뒷면>
                          四柱(사주)
謹封(근봉)------------------------------------------------
```

```
▣<앞면>
           朴 生 員 宅 下 執 事 入 納(박생원 댁 하집사 입납)
```

사주(四柱) 쓰는 법은 다음과 같이 쓴다.

① 종이는 깨끗한 백지(白紙) 혹은 한지(韓紙)를 사용한다.

② 규격은 일정하지 않으나 대략 가로 35㎝, 세로 25㎝ 정도면 적당하다.

③ 글씨는 먹을 갈아 붓으로 바르게 쓰는데, 위 보기와 같이 신랑의 생년월일을 적는다.

④ 위 보기와 같이 5칸으로 접고 가운데 줄에 쓴다.

⑤ 피봉은 5칸으로 된 종이가 들어 갈 수 있도록 만든다.

⑥ 사주보(四柱褓)는 안 밖 청홍색으로 만들고, 안은 청색 밖은 홍색이 되도록 싼다. 사주를 보낼 때는 다음과 같은 편지를 써서 같이 보낸다.

3) 연길(涓吉)

연길이란 택일로서 혼인식을 치를 좋은 날을 택하는 것을 말한다. 신랑의 사주를 받은 신부 집에서는 신부의 생리일을 피하고 길일을 잡아 신랑 집에 보낸다. 이때 연길내용을 백지에 써서 사주 보자기에 싸서 근봉을 끼워 사주와 함께 받은 서간문으로 회답을 써서 함께 보낸다.

▶ 연길예문 1(신랑 집 → 신부 집)

<해설>
저물어가는 봄에 존체 만안하신지요. 감사한 마음이 한량없습니다. 저의 보잘것없는 편지가 옛날 같으니 사적으로 다행입니다. 곧 혼사를 고하고 이미 승낙하였으니 저의 집은 무한한 경사이옵니다. 사주와 단자를 다른 사람을 통해서 보내니 혼사 일을 가려 보내주시기를 바라나이다.

년   월   일   ○   ○   ○ 배상

- 복유(伏惟) - 편지서두에 쓰는 말. 오랫동안 우러러.
- 만중(萬重) - '편안함'의 높임말.
- 앙소동동(仰溯憧憧) - 감사하다는 말에 쓰는 말.
- 열상(劣狀) - 자기 편지를 낮추는 말.
- 공(控) - 고하다. 아뢰다. 아뢰어나간.
- 정(鼎) - 바야흐로.
- 한문(寒門) - 자기 집을 낮출 때 쓰는 말.
- 주단(柱單) - 사주와 단자.
- 연길(涓吉) - 신부 집에서 대례일(大禮日)을 보내는 일.

연길에서 혼인식 날짜 보내는 서식

▶ 연길예문 2

<보기 1>

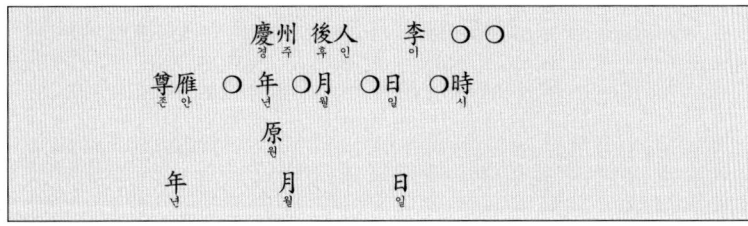

<보기 2>

尊雁 宜壬辰 四月初五日 未時
존안 의임진 사월초오일 미시

壬辰 三月初五日
임진 삼월초오일

慶州後人 李○○
경주후인 이

▶ 연길예문 3(신부 집 → 신랑 집)

伏蒙
복몽

嘉命 委离寒宗 顧惟弱息 教訓無素 切恐弗堪
아명 위리한종 고유약식 교훈무소 절공불감

茲又 蒙順先典 貺以重禮 辭旣不獲 敢不重拜
자우 몽순선전 황이중례 사기불획 감부중배

伏惟 尊慈特賜 鑑念不宣
복유 존자특사 감염불선

年   月   日
년   월   일

密陽後人 朴○○   再拜
밀양 후인 박   재배

〈해설〉
엎드려 아름다운 명(命)함을 입었으니 저희 보잘 것 없는 집안과 혼인을 맺게 되었습니다. 돌아보건대, 저의 여식은 평소에 가르친 것이 부족하니 귀댁의 일을 감당하지 못할까 두렵습니다. 집안에 내려오는 예를 좇아 베푸시니 말로 이루 다 나타낼 수 없습니다. 감사합니다. 예쁘게 여기시고 잘 보살펴주십시오.

· 복몽(伏蒙) - 자기를 낮추는 말.   · 가명(嘉命) - 아름다운 하늘의 명함.
· 몽(蒙) - 저, 저희.   · 식(息) - 자식 딸.   · 황(貺) - 주는 것.

4) 납폐(納幣)

함(緘)을 보내는 절차는 육례 중에서 납폐의 절차 속에 포함된다. 납폐절차는 다음과 같이 요약될 수 있다.

① 대개 혼인전날에 행한다. 혹 길일을 택할 수도 있다.

② 검은 빛 함에 옷감을 넣어 보낸다. 옷감은 청, 홍 두 색깔로 하며 주로 비단이고 치마감이다. 푸른색, 붉은색 두 끝의 치마 감을 넣을 뿐이다. 함이 터질 듯이 고급옷감을 넣는 것은 좋은 징조라고 생각하지 않았다. 장래에 가난하게 될 조짐이라 생각하였다. 선부후빈(先富後貧)이라고 해서 처음에 넉넉하면 후에 가난하게 된다고 생각한 것이다.

③ 옷감 위에 혼서지를 넣는다(지금은 사주도 이때 보내는 집도 있다).

④ 옷감과 혼서지를 넣은 함은 붉은 보자기로 싼다. 보자기 끝은 매지 말고 근봉(謹封)이라고 쓴 종이로 봉한다.

⑤ 함에 멜빵을 만들어 짊어지도록 한다. 멜빵은 흰 베로 한다.

⑥ 옛날에는 함 진 아비가 짊어지고 가서 신부 집에 전했다(지금은 신랑친구가 전하는 것이 상례로 되어있다).

⑦ 신부 집에서는 혼주(신부의 부모)가 기다리고 있다가 정중하게 소반으로 받는다.

- 이 자리에는 가까운 친척들이 참석해 간략하게 음식을 나눠 먹지만 성대한 잔치를 베풀지는 않는다.

⑧ 함진 아비에게는 음식을 대접하고 돌아갈 때는 약간의 노자를 전해 주었다. 근래 신부 집에서 돈을 받아 내거나 무리하게 떼를 쓰는 것을 볼 수 있는데 이것은 정말 잘못된 악습이다. 이것은 반드시 고쳐야 한다.

▶ 물목(物目) 쓰는 양식

物　目

一. 玄 壹段(靑緞)

二. 纁 壹段(紅緞)

際

年　月　日

朴 ○ ○ 謹呈

〈해설〉
· 제일 밑은 신랑아버지 이름을 쓴다.

▶ 납폐(納幣) 쓰는 양식

時維孟春

尊體百福　僕之長子 ○○　年旣長成　未有伉儷　伏蒙 (承)

尊慈許以　令愛 貺室 慈有(用)先人之禮　謹行納幣之儀　不備伏惟

尊照　謹拜　上狀

年　月　日

金海後人　金 ○ ○　再拜

〈해설〉
때는 봄이 한창 무르익는 계절이온데 존체 만안하십니까? 저 장자 ○○가 이미 장성하여 배필이 없더니 큰 사랑을 입어 귀한 따님을 배필로 삼게 해주시니 이에 조상의 예에 따라 갖추지는 못하였지만 삼가 납폐하는 의식을 치르오니 살펴주시기를 바라옵니다.

· 복지장자(僕之長子) – "저의 맏아들"이란 뜻. 둘째 아들은 복지차자(僕之次子), 셋째 아들은 복지삼자(僕之三子)로 씀.

- 항려(伉儷) – 짝. 배우자.
- 영애(令愛) – 남을 높이는 말.
- 김해후인 김〇〇는 신랑아버지 이름.
- 복몽(伏蒙) – 자기를 낮추어 쓰는 말.
- 황실(貺室) – 배필을 삼게 해줌.

▶ 신부 집에서 사당(祠堂)에 고하는 축문

維
유
歲次(太歲干支)〇月(初하루日辰)朔〇日(日辰) 孝玄孫〇〇
세 차 태 세 간 지   월 초   일 진 삭   일 일 진   효 현 손

敢昭告于
감 소 고 우

顯高祖考[某]官府君
현 고 조 고 모 관 부 군

顯高祖妣〇〇 〇氏   [某]之第[幾]女 己許嫁[某]官[某]君
현 고 조 비   씨   모 지 제 기 녀 기 허 가 모 관 모 군

姓名之子 今日納采 不勝感愴 謹以 酒果用伸   虔告謹告.
성 명 지 자 금 일 납 채 불 승 감 창 근 이 주 과 용 신   건 고 근 고

〈해설〉
〇〇년 〇월 〇일 효 현손 〇〇는 삼가 아뢰옵니다. 〇〇의 장녀가 나이가 점점 들어
감으로 〇〇의 아들에게 혼인을 허락하였사온데 오늘 납채가 도착함에 마음에 느껴 사모
함과 슬픔을 억제하지 못하여 삼가 술과 과일을 올리며 경건한 마음으로 아뢰옵나이다.

5) 친영(親迎)

친영은 신랑이 신부 집에 가서 혼인식을 거행하고, 신부를 데려오
는 의식으로 혼행이라고도 한다. 신랑이 신부 집에 닿으면 사처(舍處)
로 안내 받아 그곳에서 안내 받아 혼례를 올리는 시간까지 기다린다.
본디 혼례는 해가 지고 나서 올리는 것이므로 옛날에는 시간을 맞추
어 오는 혼행을 맞이하기 위해서 초롱불을 든 신부 집 하인들이 멀리
까지 마중하려 나왔었다.

▶ 친영 때 신랑 집에서 사당(祠堂)에 올리는 고유문(告由文)

維
유

歲次 丙寅 四月 乙未朔 初三日 癸酉　孝子 모
세차 병인 사월 을미삭 초삼일 계유　효자

敢昭告于
감 소 고 우

顯祖考[處士]府君 [學生또는 某官]
현 조 고 처사 부군　학생　　　모관

顯祖妣孺人○○ ○氏　[某]之子 [某] 將以今日
현 조 비 유 인　　씨　모 지자 모　장 이 금 일

親迎于[某]郡 [某]氏　不勝感愴　謹以　酒果用伸　虔告謹告.
친 영 우 모 군 모 씨　불 승 감 창　근 이　주 과 용 신　건 고 근 고

〈해설〉

병인년 사월 초삼일에 효자 ○○는 아버님과 어머님께 삼가 고하나이다. 아들(이름)은
오늘 ○○군 ○성씨 댁에 장가를 들기에 서러운 마음 감당할 수 없어 삼가 주과를 올
리고 경건히 아뢰나이다.

▶ 친영(親迎) 때 신부 집에서 사당에 올리는 고유문(告由文)

維
유

歲次丙寅四月乙未朔 初三日 癸酉 孝子 ○○
세 차 병 인 사 월 을 미 삭　초 삼 일 계 유 효 자

敢昭告于
감 소 고 우

顯考處士府君
현 고 처 사 부 군

顯妣孺人○○ ○氏 ○○　第○女　將以今日　歸于[某]郡
현 비 유 인　　씨　　　제 ○ 녀　장 이 금 일　귀 우 모 군

[某]姓 姓名 不勝感愴　謹以酒果用伸　虔告謹告
모 성 성 명 불 승 감 창　근 이 주 과 용 신　건 고 근 고

〈해설〉

병인년 사월 초삼일에 효자 ○○는 아버님과 어머님께 삼가 고하나이다. 모(주主 제관
祭官의 이름)의 몇 째 딸이 오늘 어느 곳의 성씨 누구(신랑 이름)에게로 시집가게 되었
사오니 아버님과 어머님을 생각하니 서러운 마음 한량없습니다. 이에 삼가 주과를 올리
고 경건하게 고합니다.

2. 초례(醮禮)

　혼인의식을 거행하기 전에 신랑은 혼례 전날 밤 사당에 뵙고 조상에게 알리는 절차를 밟는다[분향고유(焚香告由) 정도]. 혼례 날은 아침 일찍 일어나 의관을 정제하고 신부 집으로 떠날 준비를 한다. 이날 아침 초례를 치르게 되는데 신랑은 신랑 집에서 치르고 신부는 신부 집에서 치른다. 신랑 집에는 대청마루에 탁자와 술, 그리고 술잔을 마련해 놓고 부모가 나와 앉으면 아들이 앞으로 나아간다. 찬자(贊者)가 술을 건네주면 아들은 재배(再拜)하고서 술을 마신다. 술잔을 찬자에게 돌려주고 다시 재배하고서 부모 앞에 꿇어앉으면 아버지가 엄숙한 목소리로 다음과 같이 말한다. **"가서 네 배필을 맞이해 와 가통(家統)을 잇도록 하여라. 애써 신중하게 할지니 한결같아야 한다"**라고 한다. 아들이 **"예, 알아들었습니다마는 오직 명(命)함을 따르지 못할까 봐 두렵습니다"**라고 대답하고는 일어나 나간다. 신부 집에서도 같은 의식이 치러지는데 아버지는, **"신중히 하고 조심해서 시부모님의 명(命)을 어기는 일이 없도록 하여라"**라고 하고, 친정어머니는 **"힘써 신중히 해서 너의 가문(家門)의 법도(法度)를 어기는 일이 없도록 하라"**라고 타이른다. 이렇게 하면 초례는 마치는 셈이 된다.

3. 전안례(奠雁禮)

　신랑이 신부 집에 갈 때 나무기러기(木雁)를 비단에 싸서 가지고 간다. 나무 기러기를 가지고 가는 사람을 기럭아비(雁夫)라고 한다. 옛날에는 산 기러기(生雁)를 가지고 갔다는 기록도 있다. 옛날에는 혼례를 밤에 치렀기 때문에 횃불 또는 청사초롱을 앞세우고 갔고, 신랑이 신부 집 가까이에 도달하면 신부 집에서는 사람을 내보내어 임시 사처(舍處)로 인도하거나 곧장 신부 집 사랑채 또는 별채로 맞이해 갔다. 전안(奠雁)이란 "기러기를 드린다"는 뜻이다. 신랑이 신부에게 드린다는 것인데, 기러기를 쓰는 이유는 기러기를 신(信)·화(和: 陽氣를 따라 이동한다는 뜻으로 이취화기以就和氣)·정절(貞節·不再遇 즉 두 번 짝짓지 않는다.) 지보신(知保身: 자기 몸을 보전할 줄 안다.) 더울 때나 추울 때 날아가도 물러날 줄 안다.) 불실기서(不失其序: 차례를 잃지 않는다. 날아갈 패열을 짓는다.)등의 덕을 구비한 것으로 생각했기 때문이다.

전안례(奠雁禮) 홀기(笏記)의식순서
① 주인이 사위되는 신랑을 대문 밖에서 맞이해 집안으로 인도해 드린다(主人迎婿于門外 揖讓以入).
② 사위되는 신랑이 기러기를 안고 따라가 혼례마당에 이른다(婿執雁以從 至于廳事).
③ 주인은 동쪽 계단으로 올라 혼례청 위에서 서쪽을 향해 선다(主人升自阼階 立西向).
④ 신랑은 서쪽계단으로 올라 혼례청에서 북쪽을 향해 꿇어앉는다. 기러기는 마루바닥에 놓는다(婿升自西階 北向跪置雁於地).
⑤ 주인을 도와 의식을 진행하는 젊은이가 기러기를 받아 안는다(主人侍者受之).
⑥ 신랑이 두 번 절한다(婿免伏興再拜).
⑦ 주인은 답례하지 않는다(主人不答拜).

교배례(交拜禮)와 합근례(合巹禮) 의식은 신랑과 신부가 처음으로 상면하여 백년해로를 약속한다는 의식이며, 교배례(交拜禮)와 합근례(合巹禮)를 합하여 초례(醮禮)라고 하고 합근례를 일면 근배례(巹拜禮)라고도 한다. 예식을 치르는 식장은 대청이 넓으면 대청에서 할 수도 있고 마당에 차일을 치고 해도 좋다. 마당에 차릴 때는 교배 상을 동서나 남북으로 편리에 따라 차리는데, 교배 상을 동서로 차릴 경우에는 병풍을 남북으로 쳐야 하고 남북으로 차릴 경우에는 병풍을 동서로 쳐야 한다. 교배 상에는 촛대 한 쌍에다 불을 켜 놓고 송죽화병 한 쌍, 백미 두 그릇, 닭 암수 한 쌍을 마련하여 양쪽으로 나누어 놓는다. 또 세숫대야 속에 수건을 깔고 그 위에 물 두 종지를 놓아둔다. 초례 상 진설은 각 방마다 가풍에 따라 다르기 때문에 그 지방의 풍속에 맞게 하는 것이 좋다.

4. 교배례(交拜禮)

교배례 의식순서

① 서동부서(婿東婦西) - 신랑은 동쪽, 신부는 서쪽으로 선다.

② 시자진관세(侍者進盥帨) - 의식을 돕는 젊은이가 대야와 수건을 들인다.

③ 서읍부취석(婿揖婦就席) - 신랑이 읍해서 신부가 제자리에 나아가도록 한다.

④ 부선재배(婦先再拜) - 신부가 먼저 두 번 절한다.

⑤ 서답일배(婿答一拜) - 신랑이 답으로 한 번 절한다.

⑥ 부우선재배(婦又先再拜) - 신부가 또 먼저 두 번 절한다.

⑦ 서우답일배(婿又答一拜) - 신랑이 또 답으로 한 번 절한다. 이것
으로 교배례는 모두 끝난다.

5. 합근례(合졸禮)

합근례 의식순서

① 합근분치서부지전(合졸分置婿婦之前) - 술잔을 각각 신랑신부 앞
에 놓는다.

② 시자짐주(侍者斟酒) - 의식을 돕는 젊은이가 술잔에 술을 따른다.

③ 서읍부거음(婿揖婦擧飮) - 신랑이 신부에게 읍하고 잔을 들어 술
을 마신다.

④ 거효진찬 (擧肴進饌) - 안주를 든다. 집사자와 수모가 각각 신랑
신부에게 안주를 조금씩 먹여준다.

⑤ 시자우짐주(侍者又斟酒) - 시자가 또 술잔에 술을 따른다.

⑥ 예필(禮畢) - 예식이 끝난다.

신랑은 집사자의 인도를 받아 임시로 머무르는 방에 가고, 신부는
수모의 부축을 받아 안방으로 들어간다. 첫 술잔을 받았을 때 신랑신
부는 술잔을 조금씩 기울여 땅에다 붓는다. 이것을 제주(祭酒)라고 한
다. 이것은 대지(大地)에다 제(祭)를 지내는 상징이다. 안주도 조금씩
떼어 상 위의 빈자리에 놓는다. 합근례를 마친 신랑은 임시로 머무는
방으로 들여 후행(後行)[위요(圍饒) 또는 요객(饒客), 상객(上客)이라고

하는데 신랑을 데리고 온 사람, 대개 아버지나 형님]에게 예식을 끝 났다고 아뢰고 절한다.

6. 우례(于禮)

우례(于禮)는 신부가 신랑의 집에 들어가는 의식인데 대개 가마를 타고 갔고, 신랑은 말을 타고 그 뒤를 따랐다. 집 앞에 당도하면 신랑 이 먼저 말에서 내려 가마문을 열어주고서 읍하고 인도해 들어간다.

7. 현구고례(見舅姑禮)

현구고례(見舅姑禮)는 신부가 처음으로 시부모를 뵙는 의식이다. 시 부모가 당상에 나란히 앉고, 그 좌우에 신랑 집 가족이 차례로 선다. 신부는 먼저 시아버지에게 절하고 폐백을 드린다. 다음으로 시어머니 에게 절하고 폐백을 드린다. 술잔을 먼저 올린 후 절을 하는 수도 있 고, 시아버지는 대추를 한 두 개 씹은 후 씨를 던지기도 하고 혹은 대 추 두 개를 신부를 향해 던지는 풍속이 있다. 대추는 신선대추로 장 수(長壽)를 의미하고, 씨는 아들 낳기를 기원하는 뜻이 담겨있다. 교배 례의식과 합근례의식 부분을 더 상세히 연구하려면 崔根德의 『朱子家 禮』집을 참조할 것.

▶ 신부 집에서 신랑 집으로 보내는 상수송서장(床需送書狀)

醮筵奉睎 暖如春風而遺香 尚留塵榻 不能帝焉 謹未審漢回 返旆
초 연 봉 요   난 여 춘 풍 이 유 향   상 유 진 탑   불 능 측 언   근 미 심 한 회   반 패

利稅 仁而 庇鴻休否 區區所祝 不非尋常 查弟 劣狀 如此 是可爲幸
이 세   인 이   비 홍 휴 부   구 구 소 축   불 비 심 상   사 제   열 상   여 차   시 가 위 행

弟允郎 淸儀美範 看看益奇 儘覺積德法之 餘而法家之所敎 實過所
제 윤 랑   청 의 미 범   간 간 익 기   진 각 적 덕 법 지   여 이 법 가 지 소 교   실 과 소

望 自不勝喜悅 然 所謂禮需 未免存羊 愧汗 可極 惟待恕罪耳 餘不
망   자 불 승 희 열   연   소 위 예 수   미 면 존 양   괴 한   가 극   유 대 서 죄 이   여 불

備伏惟 鑑察
비 복 유   감 찰

年   月   日
년   월   일

查弟   ○ ○ ○   拜上
사 제   배 상

▶ 성취례(成娶禮)를 사당(祠堂)에 알리는 고유문(告由文)

維
유

歲次 乙丑 三月 壬午朔 初五日 丙寅 玄孫 ○○
세 차   을 축   삼 월   임 오 삭   초 오 일   병 인   현 손

敢昭告于
감 소 고 우

顯高祖考[某]官府君
현 고 조 고   모 관 부 군

顯高祖妣[某]封[某]貫[某]氏 [某]之[幾]子 [某]年旣長成 娶[某]郡[某]
현 고 조 비 모 봉 모 관 모 씨   모 지 기 자   모 연 기 장 성   취 모 군 모

面[某]洞 [某]貫[某]之女 今月[某]日旣畢成娶之禮 需來臨 不勝感愴
면 모 동   모 관 모 지 녀   금 월 모 일 기 필 성 취 지 례   수 래 임   불 승 감 창

謹以酒果用伸 虔告謹告
근 이 주 과 용 신   건 고 근 고

〈해설〉

을축년 삼월 초오일 현손 누구는 고조부님 양위께 감히 고하나이다. 저의 몇째 아들 모
(장가들 사람의 이름)가 나이가 들어 어느 곳 어느 성씨 누구(신부 아버지 이름)의 딸에
게 금월 모일 이미 성취(成娶)의 예(禮)를 치렀으며, 예수(禮需)가 도착하였사옵니다. 이
에 생각하오니 서러운 마음을 감당하기 어려워 삼가 주과를 올리고 경건히 아뢰옵니다.

8. 결혼청첩장

1) 청첩장 양식

▶ 보기 1

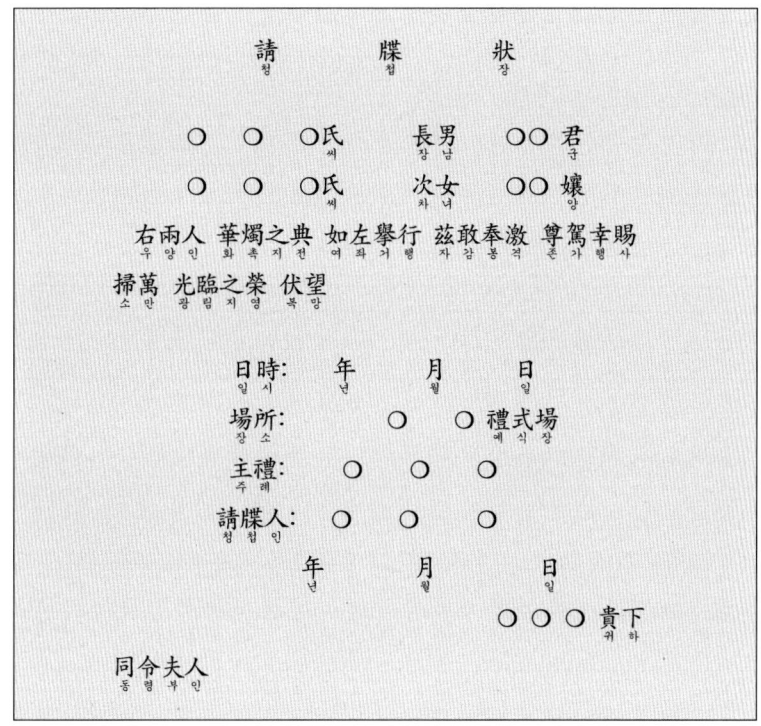

▶ 보기 2

請 牒 狀
청 첩 장

○ ○ ○氏   次男   ○○君
          씨   차 남   군

○ ○ ○氏   三女   ○○孃
          씨   삼 녀   양

이 두 사람의 結婚式을 ○ ○ ○ 哲學博士의
                결 혼 식   철 학 박 사

主禮로 ○月   ○日   (曜日) 下午   ○時
주 례   월   일   요 일 하 오   시

○ ○ 禮式場에서 擧行하게 되었사오니
       예 식 장   거 행

光臨의 榮光을 베풀어주시옵기 敬望하나이다.
광 림   영 광   경 망

年 月 日
년   월   일

友 人 代 表 ○ ○ ○
우 인 대 표

同 令 夫 人 座下
동 령 부 인 좌 하

▶ 보기 3

모시는 글

새로운 마음과 새 의미를 간직하며
저희 두 사람이 새 출발의 첫 걸음을
내딛습니다. 좋은 꿈, 바른 뜻으로
올바르게 살 수 있도록 축복과 격려해
주시면 더 없는 기쁨으로 간직하겠습니다.

신랑 ○○○의 장남   ○○군
신부 ○○○의 차녀   ○○양

일시: 년 월 일 요일 오전 시
장소: ○○ 예식장 (4층 난실)

▶ 보기 4

삼가 아룁니다.

○○○씨 차남   ○○군
○○○씨 차녀   ○○양

이 두 사람은 백년해로할 뜻으로 여러
어른들과 벗을 모신 앞에서 아래와 같이
예를 올리려 하오니 부디 참석하시어
젊은 두 사람의 앞날을 축복하여 주시옵기
바라옵나이다.

때: 월   일   시
곳: ○ ○ ○ 예식장
청첩인 ○ ○ ○
       ○ ○ ○ 귀하

제3부
상례의식
(喪禮儀式)

1. 초종(初終)
2. 고복[皐復: 초혼(招魂)]
3. 부고(訃告)
4. 염습(殮襲)
5. 영좌(靈座)
6. 명정(銘旌)
7. 성복(成服)
8. 조상(弔喪)
9. 우제(虞祭)

상례(喪禮)는 사례(四禮) 중에 사람이 죽은 후 장사 지내는 예법의 하나이다. 죽은 이를 살아 있을 때와 다름없이 섬기면서 저승으로 보내는 의식이다. 유교에서는 상례를 이해하기 위해 몇 가지를 알아 둘 필요가 있다. 그것은 첫째로 "죽은 이 섬기기를 살아 있는 이 섬기듯이 한다"[10]라는 것이다. 이것의 유가철학 정신은 제사로 대신한다는 것이다. 유교에서는 내세를 이 세상의 연장으로 보고 귀신에 대해서도 극히 형이상학으로 해석하고 인간의 정을 독특한 정신으로 보고 있다. 그래서 죽은 사람도 꼭 살아 있는 듯이 섬기면서 받드는 것을 도덕률로 삼고 있다. 상례는 살아 있는 사람이 죽은 사람을 꾸미며 살고 있다. 여기에서 "꾸민다는 것"은 죽은 사람을 살아 있는 것 같이 정(情)으로 대한다는 것이다. 그래서 임종(臨終)이 되면 철저히 준비된 관재(棺材)를 마련하고 목욕시키고 옷도 갈아입히는 것도 사실이다. 둘째는 장례는 예를 갖추고 될 수 있는 한 후하게 하는 것이 효도라고 생각해 왔다. 셋째는 "상사(喪事)는 형식을 갖추기보다는 차라리

---

10) 『中庸』, 第13章, "事死如事生 事亡如事存"

슬퍼해야 한다"[11]라는 것이다. 상례에서는 세련된 형식을 갖추기보다는 진심으로 애통하게 해야 된다고 생각했다. 넷째는 "부모의 상을 경건 장엄하게 치르고 선조의 제사를 잘 모시면 백성의 덕이 돈후하게 될 것이다"[12]라고 하였다. 상례를 깍듯하게 예를 갖추어 모시고 선조에 대해 진심으로 추모하는 정이 있으면 사람의 덕성이 한결 후하게 된다고 여겼다. 다시 말해서, 이러한 상례가 발전되면 사회기강이나 풍속이 착하고 아름다운 것으로 여겼다. 이것이 유교에 대한 기본적 견해인데 조선에 와서는 너무 경색된 일들이 많이 일어나기도 하였다. 이 점을 고려해 보면 "교언영색巧言令色"이나 "번문욕례繁文褥禮"라는 말이 바로 여기에 해당된다. 이것은 소박하고 실질적인 본원유교와는 너무나 동떨어진 구별되는 현상이다.

1. 초종(初終)

사람이 처음 죽었을 때의 절차이다. 종은 죽음을 말한다. 병자의 죽음이 임박하면 모든 가족이 다 모여 죽음을 지켜본다. 이것이 마지막 작별이다. 죽은 자는 유언을 한다. 운명하고 나면 햇솜으로 사자의 코와 입을 막고 머리까지 이불로 덮고 모두 통곡한다.

---

11) 『論語』, 八佾篇, "喪與其易也寧戚"
12) 『論語』, 學而篇, "愼終追遠 民德歸厚矣"

2. 고복[皐復: 초혼(招魂)]

고(皐)라는 것은 탄성 즉 아아! 하는 소리이고 복(復)은 "돌아오라", "회복하라"라는 뜻이다. 이 행사는 영혼불멸을 믿는 토속신앙에서 비롯된 것이라고 할 수 있다. 왼쪽 옷깃을 잡고 오른손으로 중간을 잡고는 북쪽을 향해 옷을 흔들며 세 번 크게 길게 부른다. "아아! ○ ○ ○복!" 이것은 앞 처마로 올라간다는 뜻으로 곧 동쪽으로 올라간다는 뜻이다. 동쪽은 해돋이 방향, 생명이 돋는 방향이고 지붕 높은 곳, 북쪽으로 향하는 것은 북방이 죽음의 방향이라는 것이다. 복(復)은 죽음의 길을 가지 말고 돌아오라는 것이고 세 번 부를 것은 셋은 성수(聖數)로 알았기 때문이다.

3. 부고(訃告)

부고란 "상중(喪中)을 알린다"는 뜻이며, 상사(喪事)가 났다는 소식을 친지 친구들에게 알리는 일이다. 호상(護喪)이 있을 때는 호상의 이름으로 한다. 이 부고서식을 한문과 한글로 알리면 다음과 같다.

▶ 우편 〈부고서식〉 1

金〇〇氏 大人 處士慶州金公 以宿患(老患)
陰〇〇月 〇〇日 午前 〇〇時 於自宅別世
玆以訃告

發靷 〇〇月 〇〇日 午前 〇〇時
葬地 〇〇郡 〇〇面 〇〇里 〇〇先塋

年 月 日
嗣子 〇〇
次子 〇〇
孫 〇〇
弟 〇〇
姪 〇〇
壻 〇〇
親族代表 〇〇
護喪 〇〇
連絡處電話

▶ 전인(傳人: 사람으로 전하는 것) 〈부고서식〉 2

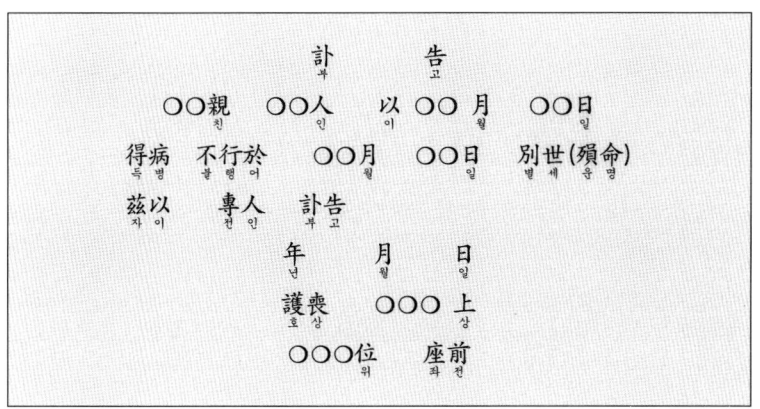

▶ 한글 〈부고서식〉 3

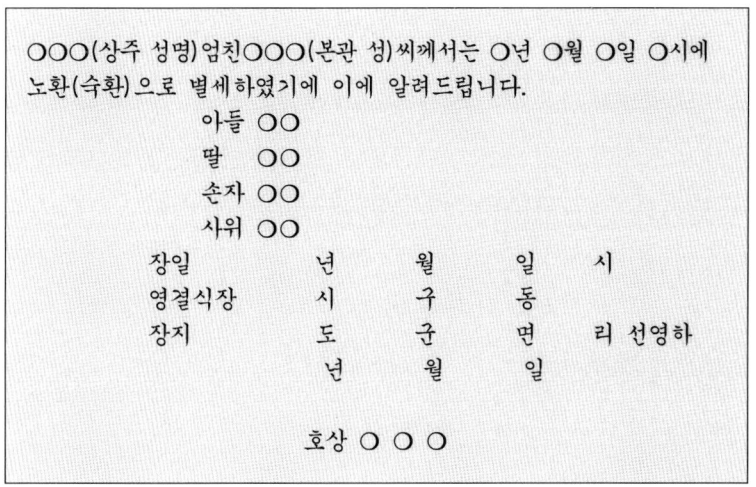

▶ 〈부고봉투서식〉 4

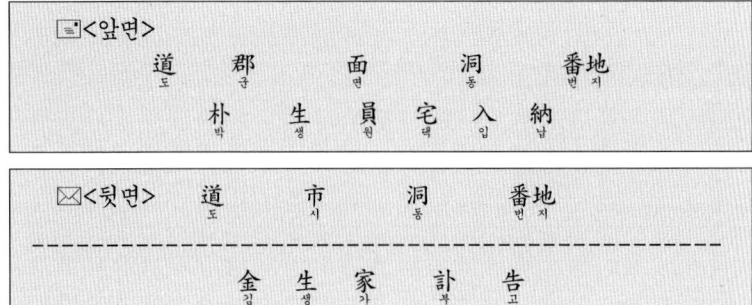

4. 염습(殮襲)

목욕(沐浴), 습(襲), 반함(飯含), 소렴(小殮), 대렴(大殮) 순으로 진행한
다. 목욕은 향탕으로 시신을 깨끗이 씻기는 일이다. 남자는 남자, 여
자는 여자가 행한다. 습은 사람에게 옷을 갈아 입히는 절차이다. 여러
가지 색색으로 의복을 마련해서 꾸미는 풍습도 있지만 남녀 모두 평
복으로 새 옷이면 족하고 때로는 예복을 곁들일 수도 있다.

1) 반함(飯含)

시신의 입에 쌀을 넣는 의식으로 그릇에 쌀을 담아 들어가서 버드
나무로 만든 숟갈로 쌀을 왼편부터 떠서 바른편 입에 넣고, 그 다음
은 왼편 입에 넣는데 그때마다 "천 석이오", "이천 석이오", "삼천 석
이오" 하고 외치는 풍습도 있다.

2) 소렴(小殮)

소렴은 시신을 묶는 작업이다. 시신을 반듯하게 눕혀놓고 반듯한
자세로 평상시처럼 의복을 입히고 관을 씌우고 수족을 단정하게 하
여 관에 들 수 있도록 끈으로 단단하게 묶는 작업이다.

3) 대렴(大殮)

소렴이 끝난 후 시신을 입관(入棺)하는 절차이다. 이 과정에는 상주,
상제들은 직접 참여하여 곡(哭)을 하고 의식을 거들기도 한다.

5. 영좌(靈座)

대렴이 끝나면 관(棺)을 정침(正寢)으로 모신다. 그리고는 뒤로 병풍
이나 휘장을 두르고 앞에는 의자에다 혼백(魂帛)을 모신다. 의자 앞에
탁자를 놓고 탁자 위에는 과일이나 술을 진설하고 평상시 쓰던 물건
을 그 앞에 갖다 놓는다. 향안과 촛대도 있어야 한다.

6. 명정(銘旌)

다홍바탕에 흰 글씨를 쓰는데 붉은 명주나 비단으로 규격이 일정
하지 않지만 옛날에는 3품 이상은 9척, 5품 이하는 8척, 6품 이하는

7척으로 제한하였다. 대개 폭 1척 5촌, 길이 7척 정도로 하였다. 일종의 깃발로 조기(弔旗)라고도 하며, 깃발의 길이와 비슷하게 대(竹)로 깃대를 만들어 단다. 깃발에는 사자(死者)의 직위, 성명을 흰 글씨로 쓰는데 대략 다음과 같다.

▶ 남자로서 벼슬이 있는 경우

通政大夫 金海 金 公 之 柩
통 정 대 부 김 해 김 공 지 구

▶ 남자의 벼슬이 없이 살아 온 여자의 경우(일반적으로 동일함)

孺 人 慶 州 金 氏 之 柩
유 인 경 주 김 씨 지 구

▶ 남자로서 벼슬이 없는 경우(일반적으로 동일함)

處 士 密 陽 朴 公 之 柩
처 사 밀 양 박 공 지 구

▶ 아호(雅號)에 따라 쓰는 경우

春 齋 先 生 金 海 金 公 之 柩
춘 재 선 생 김 해 김 공 지 구

春 齋 先 生 金 大 雄 之 柩
춘 재 선 생 김 대 웅 지 구

7. 성복(成服)

성복은 처음으로 상복을 입는 절차이다. 초상이 난 지 3일이나 5일 만에 이뤄진다. 상복은 다섯 가지로 구분되며 이를 두고 오복(五服)이라고 한다. 그리고 그들의 상주를 유복친(有服親) 혹은 오복지친(五服之親) 유복자(有服者)라고 한다. 상복은 다섯 가지가 있는데 재료도 다르고 기한도 다르다. 예라는 것은 정에서 일어나는 것이라 사자(死者)의 친소에 따라 상복을 입는 기간도 다른 것이다. 이것을 크게 다섯 가지로 구분할까 한다.

1) 참최 3년(斬衰三年) - 가장 무거운 복(服)이다

① 상복 재료(喪服材料) - 가장 굵은 생포(生布)를 재료로 쓰고 아랫단을 꿰매지 않고 그대로 둔다.
② 상(喪) - 아버지상에 아들과 며느리
③ 아버지가 돌아가시고 없는 경우 - 장손이 할아버지, 증조부, 고조부 상에 장자(長子)로서 입는 가장 긴 3년 기간이다.

2) 재최 3년(齊衰三年) - 참최 다음 가는 무거운 복(服)이다

① 상복 재료(喪服材料) - 약간 굵은 생포를 재료로 쓰고 아랫단을 접어 꿰맨다.
② 상(喪) - 어머니를 위한 아들과 며느리의 복(服)
③ 아버지가 돌아가시고 없는 경우 - 장손이 조모, 증조모, 고조모

상에 장자(長子)로서 입는 복이다.

(1) 재최 장기(齊衰杖朞): 장(杖)은 상장(喪杖: 상에 짚는 막대기), 기(朞)
는 1년이라는 뜻이다
① 아버지가 살아 있는 경우 - 어머니 상(喪)
② 아버지가 돌아가시고 할아버지가 살아 있는 경우 - 장손이 치르
는 할머니 상(喪)

(2) 재최 부장기(齊衰不杖朞) - 상장(喪杖)을 짚지 않고 1년 복상
조부모 상 - 백숙부, 고모, 누이들이 시집을 안 갔을 경우. 시집을
갔더라도 남편이나 아들이 없는 경우, 장손. 대를 잇는 증손과 현손,
시부모가 맏며느리 상을 입는 것

(3) 재최 5월(齊衰五月) - 증조부모 상(5달 복을 입음)

(4) 재최 3월(齊衰三月) - 고조부모 상(3달 복을 입음)

3) 대공 9월(大功九月) - 9달 상복을 입는다

① 상복재료(喪服材料) - 약간 굵은 숙포(熟布)를 재료로 쓴다.
② 상(喪) - 증조부의 형제자매, 재당숙부모, 재종자매, 내외종, 이
종, 처부모 등.

4) 대공 5월(大功五月) - 5달 상복을 입는다

① 상복재료(喪服材料) - 약간 가는 숙포(熟布)를 재료로 쓴다.
② 상(喪) - 종조부모, 할아버지의 형제자매, 재종, 당질, 당숙부모(堂叔父母), 이모 시숙, 동서 등.

5) 시마 3월(緦麻[13]三月) - 3달 상복을 입는다

① 상복재료(喪服材料) - 아주 가는 숙포(熟布)를 재료로 쓴다.
② 상(喪) - 증조부의 형제자매, 재당숙부모, 내외종, 이종, 처부모 등.
  · 남자의 상복: 관[冠: 굴신(屈申), 굴관(屈冠)] 효건[孝巾: 두건(頭巾)], 의(衣), 상(裳), 중의(中衣) 행전(行纏), 수질(首絰), 요질(腰絰: 허리띠), 교대(絞帶: 띠), 장(杖: 막대기), 이(履: 짚신).
  · 여자는 관(冠: 흰 천으로 싼 족두리), 의(衣), 상(裳), 수질(首絰), 요질(腰絰), 교대(絞帶), 장(杖) 등은 남자와 같지만 다만 요질에 산수(散垂)가 없다. 이는 짚신 대신에 미투리를 신는다.
  · 미성년자는 머리에 관, 건, 수질이 없다. 상주 상제는 성복한 날 죽을 먹게 되고, 조석으로 상식(上食)하게 된다. 옛적인 미담 한 가지를 보면, 제자가 스승을 위해 심상(心喪) 3년을 하고, 친구를 위해 시마(緦麻) 3년을 입었다는 사실이 있다. 심상(心喪) 3년이란 상복 없이 정신적으로 3년 상을 입었다는 것이고, 친구 중에도 마음을 허락하지 않는 극친한 사이에는

---

13) "시마(緦麻)"란 일곱 새 반의 베. 일설에는 삼2 명주1의 비율로 짠 베이며 석 달 입는 복에 쓰인다.

시마(緦麻) 3개월로 친구를 영원히 떠나보내는 예로 삼았다는 말이 있다고 한다.

8. 조상(弔喪)

조례는 성복이 후에 이뤄진다. 성복전에는 조상을 가지 않는 것이 원칙이다. 다만 가까운 일가친척이나 친한 친구에게 달려가더라도 시신에 대해서는 절대 절해서는 안 된다. 성복이 되면 비로소 예를 갖춰 조문을 하고 조객으로 곡도 할 수 있다. 상주는 "애고! 애고!" 하며 슬퍼하지만 조문객은 "어이! 어이" 하는 소리를 내는 것이 그것이다. 조상하는 순서는 조객이 먼저 호상소에 들러 조객록에 서명하고 빈소에 들어가면 상주, 상제가 일어서서 곡을 한다. 조객은 영좌를 향해 곡을 하고 향을 피운 후 두 번 절하고 다시 상주, 상제를 향해 절을 하고 이때 위로의 말을 건넨다.

1) 치장(治葬)

묘지를 택하고 광중(壙中)을 만드는 일을 말한다. 구체적으로 장례를 치르는 일이다. 사자(死者)의 생전의 신분, 직위에 따라 장례 날짜가 다르다. 대부(大夫)는 3개월, 사(士)는 1개월, 일반 서민은 삼일장, 오일장, 칠일장, 구일장 등으로 각각 형세와 처지에 따라 결정한다. 선비, 즉 벼슬이 없어도 스승이 될 만한 분은 유월장(踰月葬)이라 해서 죽은 다음 달에 장례를 치르는 것이 예로 되어 있다.

2) 발인(發靭)

사자(死者)를 장지로 옮겨가는 의식이다. 명정, 공포(功布: 관을 묻을 때 관을 닦는 삼베), 만장(輓章), 요여(腰輿: 장사를 지내고 혼백과 신주를 모시고 돌아오는 작은 가마) 상여, 상주, 복인, 조객 순으로 행렬이 나간다. 급묘(及墓)는 묘지에 닿는 절차이고, 하관(下棺)은 시간과 좌향을 맞추어 관을 광중(壙中)에 들이는 절차이다.

▶ 견전축문(遣奠祝文) - [발인(發靭)]

靈輀旣駕	往卽幽宅	載陳遣禮	永訣終天
영 이 기 가	왕 즉 유 택	재 진 견 례	영 결 종 천

〈해설〉
상여를 메게 되었사오니 다음은 무덤에 이를 것입니다. 보내는 예를 베푸오니 영원히 이별하심을 아뢰옵니다.

▶ 7언 절귀 만장의 예1(일반)

證場人生一夢場	父老孩堤 永訣地
증 장 인 생 일 몽 장	부 로 해 제 영 결 지
奈何敢忍送斯行	薤歌呼哭 總悽凉
내 하 감 인 송 사 행	해 가 호 곡 총 처 량

〈해설〉
인간세상이 꿈길 같다는 것을 알고 있었으나 그대를 만나지 못할 것을 생각하니 꿈만 같구나. 상엿소리와 울음소리 모두가 처량하니 어찌 이 행상에서 그대를 보낼 것인가.

▶ 5언 절귀 만장의 예2(스승)

吾輩嗟無福　道與斯人去
오 배 차 무 복　도 여 사 인 거

先生奄九泉　言空百世傳
선 생 엄 구 천　언 공 백 세 전

〈해설〉

우리가 복이 없어 선생님이 돌아가셨습니다. 도덕은 선생님과 함께 사라지는 것 같으니 오랜 세대에 걸쳐 인간의 도리를 전해 줄 사람이 과연 누구이겠는가.

▶ 7언 절귀 만장의 예3(친구)

少時修習每同筵　無斷忽然仙化去
소 시 수 습 매 동 연　무 단 홀 연 선 화 거

晚境詼諧相老年　送君揮淚夕陽天
만 경 회 해 상 노 년　송 군 휘 루 석 양 천

〈해설〉

어렸을 때는 언제나 자리를 함께하여 공부하였고, 늙음에는 서로가 늙은이라 농담했더니 홀연히 말 한마디도 없이 간다는 말인가. 그대를 보내고 눈물만 흘리고 있는데 어느 사이에 해는 저물어서 어두워졌구나.

▶ 산신축[참초파토축문(斬草破土祝文) 일명 참파(斬破)라고도 함]

維
유

歲次 [某]年 [某]月 ○○ 朔 ○ 日
세차　모년　모월　　　삭　　일

○○ 幼學 ○○○
　　유학

敢昭告于
잠　소　고　우

土地之神 今爲處士(혹은 學生) 慶州○公
토지지신　금위처사　　학생　　경주　공

(혹은 孺人○○ ○氏) 窆玆幽宅 神其保佑
　　유인　　　씨　　폄자유택　신기보우

俾無後艱 謹以 淸酌脯醢(果) 祗薦于神 尙
비무후간　근이　청작포해과　지천우신　상

饗
향

〈해설〉

[모]년 [모]월 [모]일 유학○○○은 감히 고합니다. 토지지신이여 이제 경주 김공(유인 경주이씨)의 묘를 그윽이 마련하였으니 신께서 도우셔서 후에 어려움이 없도록 도와주시기 바라옵고 삼가 맑은 술과 포혜(과일)를 올리니 흠향하시옵소서.

· 폄(窆) - 광중(壙中), 무덤　　　　· 유택(幽宅) - 그윽하게 무덤을 마련함.
· 비무후간(俾無後艱) - 후에도 간난(어려움)이 보태지 않음.
· 지천(祗薦) - 공경히 드림.　　　· 상향(尙饗) - 모두 다 드십시오. 모두 흠향하소서.

▶ 평토제축문(平土祭祝文)

維
유

歲次 ○年 ○月 ○朔 ○日○○(日辰)
세차　년　월　삭　일　　　일진

孤子 ○○
고자

敢昭告于
잠　소　고　우

顯考處士(또는 某官)府君 形歸窀穸 神返室堂
현고처사　　　모판부군　형귀둔석　신반실당

神主旣成 伏惟尊靈 舍舊從新 是憑是依
신주기성　복유존령　사구종신　시빙시의

▶ 선영에 고유하는 축문(先塋告由祝文)

장지가 선영국내가 될 때 선영의 최고 높은 한 분에게만 주과포(酒果脯)를 진설하고, 단잔(單盞)으로 제를 올린다. 이 장소가 선영국내(先塋局內)가 아닐 경우에는 해당되지 않는다.

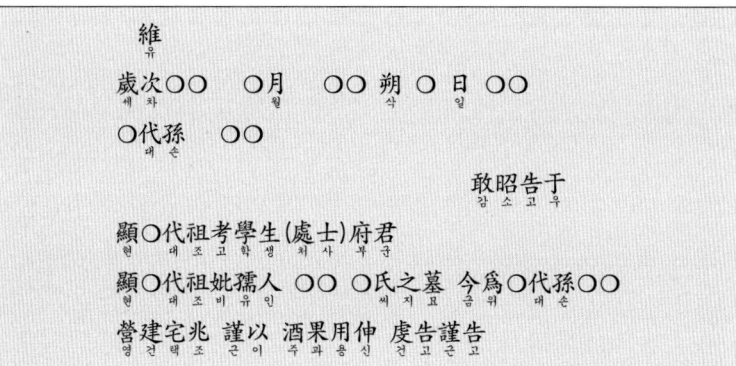

※ 선장 위에 고유하는 축문(先葬位 告由祝文)

새로 일위(一位)만 쓰는 무덤이 아니고, 먼저 쓴 고위(考位)나 비위 (妣位)의 묘에 합장하게 될 때 반드시 합폄(合窆)하려는 그 묘에 미리 주과포(酒果脯) 등을 진설한 뒤 분향하고 단잔(單盞)으로 제를 지니며 고유축문(告由祝文)을 읽어야 한다. 합장(合葬)이 아닐 경우는 이 축문 이 해당되지 않는다.

▶ 고위선장위(考位先葬位)에 고유(告由)하는 축문

〈해설〉

○○년 ○월 ○일 고애자(孤哀子) ○○는 삼가 아버님께 아룁니다. 고애자 ○○는 죄가 흉한 흔적으로 거슬려 어머니를 여의고, 세월은 머무르지 않았으며 장사한 기간은 이미 다하여 장차 [모]일에 어머님 묘좌(墓左)에 합폄(合窆)하려 합니다. 부모님 은혜가 넓고 커서 다함이 없습니다. 삼가 술과 과일을 진설해 놓고 공손히 고하는 바입니다.

- 고애자(孤哀子)—아버지, 어머니가 모두 돌아가신 분.
- 죄역흉흔(罪逆凶釁)—죄는 더욱 흉한 죄로 바뀜. 죄는 더욱 흉한 흔적으로 거슬러 올라감.
- 선비견배(先妣見背)—어머니를 여윔.
- 견배(見背)—가까운 사람과 사별함. 여윔.
- 장기이계(葬期已屆)—장사(葬事)한 기한이 이미 다 됨.

▶ 비위선장위(妣位先葬位)에 고유(告由)하는 축문

維
유

歲次○○　○月　○○朔 ○日　○○　孤哀子 ○○
세 차　　월　　　삭　　일　　　　고 애 자

敢昭告于
감 소 고 우

顯妣孺人○○ ○之墓 ○○ 罪逆凶釁 先考見背 日月不居
현 비 유 인　　　지 묘　　　죄 역 흉 흔　선 고 견 배　일 월 불 거

葬期已屆 將以某日 合封于 墓左 昊天罔極 謹以
장 기 이 계　장 이 모 일　합 봉 우　묘 좌　호 천 망 극　근 이

酒果用伸　虔告謹告
주 과 용 신　건 고 근 고

〈해설〉
○○년 ○월 ○일 고애자(孤哀子) ○○는 삼가 아버님께 아룁니다. 고애자 ○○는
죄가 더욱 깊어 아버님을 여의고, 시간은 지체하지 않아 장례한 기간은 이미 다하여 장
차 ○일에 어머님 묘좌(墓左)에 합폄(合窆)할까 합니다. 부모님 은혜가 넓고 커서 다함
이 없습니다. 삼가 술과 과일을 진설해 놓고 공손히 고하는 바입니다.

3) 반곡(反哭)

장지(葬地)에서 매장절차(埋葬節次)를 마치고 집으로 돌아와 신주(神
主)와 혼백(魂魄)을 영좌(靈座)에 모시고 곡(哭)하는 의식이다.

9. 우제(虞祭)

장례를 마치고 처음으로 신주를 위안하는 제사이다. 초우(初虞), 재
우(再虞), 삼우제(三虞祭)가 있다. 초우제는 반우제(返虞祭)라고도 하고,
장례를 치른 그날 중에 지낸다. 재우는 초우 뒤의 유일(柔日)을 택해 지

낸다. "유일"이란 일진(日辰) 십간(十干) 중에 "을·정·기·신·계乙丁己辛癸"가 드는 날을 말한다. 삼우는 재우 뒤에 강일(剛日)에 지낸다. "강일"이란 "갑·병·무·경·임甲丙戊庚壬"이 드는 날을 말한다. 그러나 지금은 장례를 치른 지 이틀(그날을 포함해서 3일째 되는 날)이 되는 날 삼우제(三虞祭)를 지내는 것이 우리나라에서는 상례로 되어 있다.

※ 상례에서 꼭 구분해서 써야 할 언어

① 아버지가 살아 계시고 어머니의 상에는 "애자(哀子)", 두 분 다 돌아가시면 "고애자(孤哀子)"라고 부르고, 처(妻)의 상(喪)에는 부(夫)모(某)라고 하고, 감소고우(敢昭告于)는 소고우(昭告于)로 쓴다. 그리고 아랫사람일 때는 감소고우(敢昭告于)를 고우(告于), 복유존령(伏惟尊靈)을 유령(惟靈)으로 쓴다.

② 신주가 없는 경우에는 신주기성(神主旣成)이란 말 대신 신주미성(神主未成)이라 쓴다.

③ 평토한 뒤에 금정틀 안에 숯가루나 석회를 조금 뿌려두는데 그 까닭은 다음에 혹 묘지를 고치거나 합장할 때에 참고로 하는 표적이 된다.

④ 부부를 합장할 때는 상주가 묘지 앞에서 본 자리 즉, 남자는 왼쪽, 여자는 오른쪽에 모셔야 하고, 후실은 별도로 묘를 써야 하는 것이 원칙이다. 고위(考位: 돌아가신 아버지로부터 각 대의 할아버지)와 비위(妣位: 돌아가신 어머니로부터 각 대의 할머니의 위)의 관의 길이가 같지 않을 때는 관의 머리를 맞추어 안장한다.

⑤ 봉분을 모을 때는 묘의 한가운데에 푯말을 세우고 노끈을 묶어 한쪽 끝을 잡고 묘의 주위를 돌아 지름이 16자(尺) 내지 17자, 합

장일 때는 20여 자가 되게 봉분 터를 잡는다.

⑥ 비석을 세울 경우 부인은 남편의 장례를 기다렸다가 그 후에 세운다. 비석은 좋은 돌을 가려서 석 자쯤으로 하고 너비는 한 자쯤으로 하며 두께는 너비의 3분의 2쯤 하는 것이 정례이다.

⑦ 비석에 쓰는 글은 지석에 쓰는 경우와 동일하나 다만 합장(合葬)일 경우에는 다른 줄에 [모某]봉封[모某]씨氏 "부좌(祔左)"라고 쓴다.

⑧ 비석 외의 석물(石物)로는 혼유석(魂遊石)과 묘 앞에 제물을 놓는 상돌, 그리고 향로를 올리는 향로석, 묘 앞 양쪽에 세우는 한 쌍의 여덟 모가 진 돌기둥인 망주석(望柱石)이 있다.

1) 졸곡(卒哭)

무시곡(無時哭)을 마친다는 뜻이다. 석 달 만에 강일을 택해 졸곡제를 지낸다. 이후로는 조석(朝夕)상식 때만 곡을 한다.

▶ 졸곡(卒哭) 때의 축문

維
유
歲次○○ ○月 ○○朔 ○○日 ○○ 孤子 ○○
세 차   월   삭   일   고 자

敢昭告于
감 소 고 우

顯考處士(혹은 學生)府君 日月不居 奄及卒哭
현 고 처 사   학 생 부 군   일 월 불 거   엄 급 졸 곡
凤興夜處 哀慕不寧 謹以 淸酌庶羞 哀薦成事
숙 흥 야 처 애 모 불 녕 근 이 청 작 서 수 애 천 성 사
來日祭祔于 祖考處士(혹은 學生)府君 尙
내 일 제 부 우 조 고 처 사   학 생 부 군   상
饗
향

2) 부제(祔祭)

망인의 새 신주를 그의 조상 곁에 모실 때 지니는 제사이다.

▶ 부제축문(祔祭祝文)

▶ 부제시 고망위축문(祔祭時告亡位祝文)

維
유
歲次○○ ○月○○朔　○○日 ○○　孤子 ○○
세차　　 　월　　삭　 　　일 　　 　고 자
謹以 淸酌庶羞 哀薦祔祀于 顯學生(處士)府君　適于
근 이 청작서수 애천부사우 현 학 생 처 사 부 군　적 우
曾祖考處士(學生)府君 尙
증 조 고 처 사 학 생 부 군 상
饗
향

〈해설〉

○○년 ○월 ○일에 외로운 아들 ○○는 삼가 맑은 술과 음식을 차리고 애통한 마음
으로 부제를 베푸옵니다. 아버님께서는 증조부님을 맞이하셔서 함께 흠향하시옵소서.

3) 소상(小祥)

조상이 돌아가신 지 1년 만에 올리는 제사를 말한다. 제사가 시작
되면 강신하기 전에 상주들은 연복을 갈아입고 기년복을 입는 사람
들은 길복으로 갈아입은 다음 곡을 한다. 강신에서 사신까지의 모든
의식절차는 졸곡 때와 동일하다.

▶ 소상 축문(小祥祝文)

維
유

歲次○○　○月　○○朔　○○日　○○　　　孤子○○
세　차　　　　　월　　　　　삭　　　　　일　　　　　고　자

敢昭告于
감소고우

顯學生(혹은 處士)府君 日月不居 奄及小祥 夙興夜處
현학생　　　　　처사　부　군　일월불거　엄급소상　숙흥아처

小心畏忌 不惰其身 哀慕不寧 謹以 淸酌庶羞 哀薦
소심외기　불라기신　애모불녕　근이　청작서수　애천

常事　　　尚
상　사　　　　상

饗
향

〈해설〉

○○년 ○월 ○일 고자 ○○는 감히 고합니다. 아버님 돌아가신 날이 돌아오니 영원
히 애모하는 심정을 이기지 못하여 맑은 술과 음식을 드리오니 흠향하소서.

항렬(行列)과 연령(年齡)에 따라 소상축문(小祥祝文)은 다음과 같이
바뀐다.

일반적으로는 [夙興夜處 哀慕不寧]을
　　　　　　　　숙흥아처　애모불녕

----

① 아들(子) – 悲念相續 心焉如毀 ② 형(兄) – 悲痛無己 至情如何
　　　　　　　비념상속　심언여훼　　　　　　　　비통무기　지정여하

③ 아우(弟) – 悲痛猥至 情何可處 ④ 처(妻) – 悲悼酸苦 不自勝堪으
　　　　　　　비통외지　정하가처　　　　　　　비도산고　불자승감
　　　　　　　　　　　　　　　　　　　　　　　로 쓴다.

① 항렬이 손아래 사람에게 → 敢昭告于 → 昭告于, 謹以 → 玆以로
　　　　　　　　　　　　　　　 감소고우　　소고우　　근이　　자이
쓴다.
② 형에게는 哀薦 → 薦此로 쓴다.
　　　　　　　애천　　천차
③ 항렬이 낮은 사람에게는 哀薦 → 陳此로 쓴다.
　　　　　　　　　　　　　　 애천　　진차

4) 대상(大祥)

　돌아가신 지 두 돌, 즉 만 2년 만에 지니는 제사. 대기(大朞). 이때 3년 상을 입는 것은 어린이가 3년 만에 어머니의 품에서 놓여나기 때문에 그 은공을 갚기 위한 것이라고 한다.

▶ 대상 축문(大祥祝文)

維_유

歲次○○　○月　○○朔　○○日　○○　　孤子○○
세 차　　　　월　　　　삭　　　　일　　　　　　고 자

敢昭告于
감 소 고 우

顯考學生(혹은 處士)府君 日月不居 奄及大祥 夙興夜處
현 고 학 생　　　　처 사 부 군　일 월 불 거　엄 급 대 상　숙 흥 야 처

哀慕不寧 謹以 淸酌庶羞 哀薦祥事　　尙
애 모 불 녕　근 이　청 작 서 수　애 천 상 사　　상

饗
향

〈해설〉
○○년 ○월 ○일 고자 ○○는 감히 고합니다. 아버님께서 돌아가신 날이 돌아오니 영원토록 애모하는 심정을 이기지 못하여 맑은 술과 음식을 드리오니 흠향하시옵소서.

▶ 1년 탈상 때 축문

維
유
歲次○○ ○月 ○○朔 ○○日 ○○   孤子 ○○
세차   월   삭   일   고 자

顯考學生(혹은 處士)府君 日月不居 奄及朞祥 凤興夜處
현 고 학 생   처 사 부 군 일 월 불 거 엄 급 기 상 숙 흥 야 처

哀慕不寧 三年奉喪 於禮至當 事勢不逮 魂歸墳墓 謹以
애 모 불 녕 삼 년 봉 상 어 례 지 당 사 세 불 체 혼 귀 분 묘 근 이

清酌庶羞 哀薦祥事 尚
청 작 서 수 애 천 상 사 상

饗
향

〈해설〉
○○년 ○월 ○일 고자 ○○는 감히 고합니다. 아버님께서 세상을 뜨신 지 1년이 되
었사옵니다. 슬피 사모하는 마음을 이기지 못하여 3년을 봉상해야 하오나 풍속에 따라
혼백이 분묘로 돌아가시기를 바라오며, 이에 맑은 술과 음식을 드리오니 흠향하시옵소서.

5) 이장[移葬: 개장(改葬), 면례(緬禮)]

개장(改葬) 또는 면례(緬禮)라고도 하는데, 면례란 무덤을 옮기고 다
시 장사 지내는 것을 말한다. 풍수설에 의거하여 가장 좋은 날짜로
택하여 이장하는 것이 좋다. 묘의 좌향(坐向)에 따라 이장하는데 크게
좋은 해(大利), 조금 좋은 해(小利), 아주 불리 해(不利)로 나뉜다. 크게
좋은 해 좋은 달에 날을 잡아 이장(移葬)하는 것이 가장 이상적일 것
이다. 아래에 이장하는 표에서 그 해를 잘 이용했으면 한다.

▶ 이장 운[(移葬運: 동총운(動塚運), 사초운(莎草運)]

묘(墓)의 좌향(坐向)	크게 좋은 해 (大利年)	조금 좋은 해 (小利年)	아주 불리한 해 (不利年)
임자(壬子) 계축(癸丑) 병오(丙午) 정미(丁未)	신술년(辰戌年) 축미년(丑未年)	자오년(子午年) 묘유년(卯酉年)	인신년(寅申年) 사해년(巳亥年)
간인(艮寅) 갑묘(甲卯) 곤신(坤申) 경유(庚酉)	자오년(子午年) 묘유년(卯酉年)	인신년(寅申年) 사해년(巳亥年)	신술년(辰戌年) 축미년(丑未年)
을진(乙辰) 손사(巽巳) 신술(辛戌) 건해(乾亥)	인신년(寅申年) 사해년(巳亥年)	신술년(辰戌年) 축미년(丑未年)	자오년(子午年) 묘유년(卯酉年)

  면례의식은 초상과 같으며 이장(移葬)하려면 우선 새로운 묘지를
정한 뒤 옛 묘지에 이르러 토지신(土地神)에게 제사를 올려야 하는데
이때의 축문은 다음과 같다.

▶ 산신축문(山神祝文)

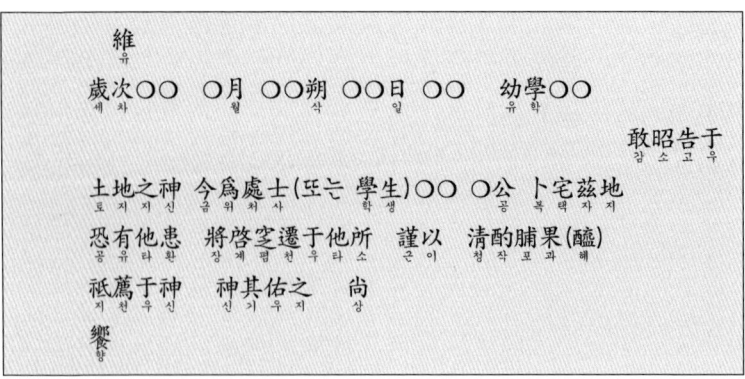

▶ 파묘(破墓)할 때 축문

維
유

歲次○○ ○月 ○○朔 ○○日 ○○ 某○○
세 차   월   삭   일

敢昭告于
감 소 고 우

顯考學生府君 葬于玆地 歲月滋久 體魄不寧
현 고 학 생 부 군   장 우 자 지   세 월 자 구   체 백 불 녕

今將改葬 伏惟 尊靈 不震不驚
금 장 개 장   복 유   존 령   불 진 불 경

이장할 때의 의식 절차는 초상 때와 같다. 이장할 때는 금과 옷 풀솜 염습한 뒤에 시신을 묶는 삼베를 마련하여 관이 썩어서 하관하기 어려울 것 같으면 새로운 관으로 만든다. 그리고 택일하여 면례하고 산소 지경을 연 다음 토지신에게 제사지내고 천광을 내린다. 이장 때 축관이 토지신에게 제사지내는 의식은 처음 장사 지내는 것 같으나 복(服)은 시마(緦麻)로 한다. 하지만 3년 안에 이장할 때는 시마 대신 원복으로 한다. 파묘할 때는 묘의 서쪽부터 괭이로 한 번 찍고 '파묘!', '파묘!', '파묘'라고 외치고 사방을 찍은 후에 흙을 파내면 된다.

관을 열어 시신에 흙이 묻었으면 대나무로 만든 칼을 사용하여 긁어
낸 후에 칠성판에 놓고 긴 삼베로 칠성판과 함께 머리 쪽에서부터 감
아 들어간다. 이때에 칠성판에는 붓으로 북두칠성을 그려 놓는다. 시
신을 새 묘지로 옮겨 놓은 다음에는 제사를 지낸다. 이장이 끝나면
우제를 지내는데 이장 당일 날에 묘 앞에 진설하고 고유하여야 하고
초우만 지내고 재우와 삼우는 지내지 않는다.

▶ 이장 시 초우(初虞) 때의 축문(祝文)

維
유
歲次○○　○月　○○朔　○○日　○○　　孝子○○
세차　　　　월　　　삭　　　일　　　　　효자

敢昭告于
감 소 고 우

顯考學生府君　新改幽宅　禮畢終虞　夙夜靡寧　啼號
현고학생부군　신개유택　예필종우　숙야미녕　제호
罔極　謹以　淸酌庶羞　祗薦虞事　尙
망극　근이　청작서수　지천우사　상
饗
향

〈해설〉
○○년 ○월 ○일 효자 ○○는 고하나이다. 아버님의 유택을 새로 마련하옵고, 종우의
예를 올리오니 이른 아침부터 마음이 편안하지 못하고 슬픔 또한 끝이 없사옵니다. 이에
삼가 맑은 술과 음식을 올려 우제를 베푸오니 흠향하소서.

▶ 이장(移葬) 후 사당(祠堂)에 올리는 고유축문(告由祝文)

維_유

歲次○○ ○月 ○○朔 ○○日 ○○ 孫 ○○兹以
세차   월   삭   일   손   자이

顯○位學生府君 體魄拖非 其他恐有 意外之患
현 위 학 생 부 군 체 백 타 비 기 타 공 유 의 외 지 환

驚動先靈 不勝憂懼 將以○月○日 改葬于 ○君 ○面
경 동 선 영 불 승 우 구 장 이   월   일 개 장 우 군   면

○里 ○山 ○坐之原 謹以 酒果用伸 虔告謹告.
리   산   좌 지 원 근 이 주 과 용 신 건 고 근 고

〈해설〉

〈전략〉 체백이 함께하지 못하고, 기타 뜻밖의 환란에 놀라실까 염려하여 오는 ○월 ○
일 ○군 ○면 ○리 ○○산 ○○좌향의 언덕에 개장하기로 하였기에 삼가 주과를 차
려 놓고 고하나이다.

6) 비문(碑文) 쓰는 서식

▶ 단위비(單位碑) [남자] 1

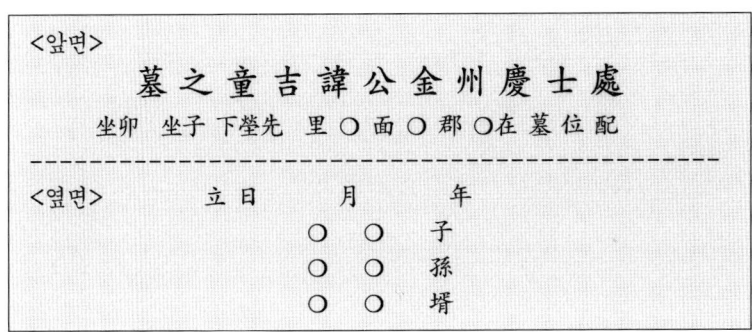

▶ 단위비(單位碑)[여자] 2

```
          墓 之 氏 朴 陽 密 人 孺
<앞면>    坐卯 ○○山里○面○郡○在墓位乾
─────────────────────────────────────
<옆면>    立謹   日   月      年
                  ○   ○   子
                  ○   ○   孫
```

▶ 양위비(兩位碑)–벼슬이 있을 경우 3

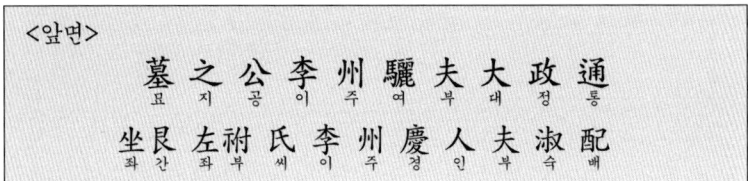

▶ 양위비(兩位碑) 4

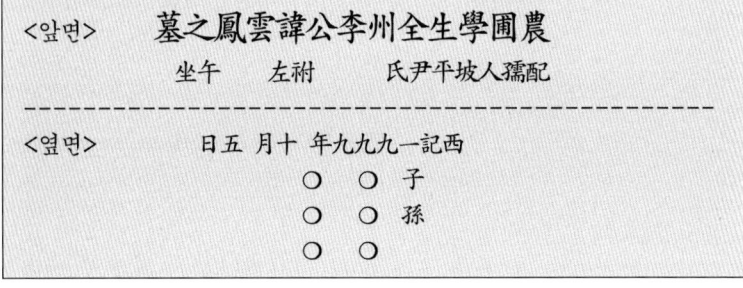

7) 비석(碑石) 및 입석축문(立石祝文)

▶ 입비석 축문(立碑石祝文)

維
유
歲次(太歲干支)〇月(初하루日辰)朔〇日(日辰) 孝子〇〇
세 차 태 세 간 지　　월 초　　　일 진 삭　　일 일 진　효 자

敢昭告于
감 소 고 우

顯考學生府君之墓 今具碑石 用表墓道 伏惟 尊靈 是憑是依
현 고 학 생 부 군 지 묘　금 구 비 석　용 표 묘 도　복 유　존 령　시 빙 시 의

▶ 입석축문(立石祝文)

비석(碑石), 상석(床石), 망부석(望夫石) 등을 세운 뒤 축문을 읽는다.

維
유
歲次(太歲干支)〇月(初하루日辰)朔〇日(日辰) 孝子〇〇
세 차 태 세 간 지　　월 초　　　일 진 삭　　일 일 진　효 자

敢昭告于
감 소 고 우

顯考學生府君之墓 伏以 [在力不逮 儀物多闕][묘를 쓴지 3년 내 석
현 고 학 생 부 군 지 묘　복 이　재 력 불 체　의 물 다 궐

물을 세울 경우 이상 8자를 쓸 수 없음]今具石物 用衛墓道 伏惟 尊靈
금 구 석 물　용 위 묘 도　복 유　존 령

是憑是依
시 빙 시 의

▶ 사초 입석겸축문(莎草 立石兼祝文)

維
유

歲次(太歲干支)○月(初하루日辰)朔○日(日辰) 孝子○○
세 차 태 세 간 지　월 초　일 진 삭　일 일 진　효 자

敢昭告于
감 소 고 우

顯考學生府君之墓 日月愈久 墓址崩壞 兹以吉辰 改封莎土
현 고 학 생 부 군 지 묘　일 월 유 구　묘 지 붕 괴　자 이 길 신　개 봉 사 토

仍立石物 而表塋域 謹以 清酌脯醢 用伸奠獻 尚
잉 립 석 물　이 표 영 역　근 이　청 작 포 해　용 신 전 헌　상

饗
향

제4부
제례의식
(祭禮儀式)

1. 일반 가정에서 봉행해 온 제사의 종류
2. 『주자가례(朱子家禮)』에 의한 기제사(忌祭祀) 준비과정
3. 제상(祭床)에 진설(陳設)하는 차례
4. 제사(祭祀) 지내는 순서
5. 제사 지내는 시간
6. 지방(紙榜) 쓰는 방식
7. 제사축문(祭祀祝文)의 해설과 서식
8. 묘제(墓祭)
9. 사시제(四時祭)

제례의식이란 조상을 받들어 추모하는 의식이며, 신령에게 음식을 바치며 기원하는 행사이기도 하다. 제사의 의의는 다음과 같이 요약될 수 있겠다.

　　"제사는 돌아가신 분을 추모해 받들어서 효를 계승하는 것이다"[14] "제사란 살피는 것이다. 사람의 정성이 신에게 도달하는 것을 말한다"[15] "제사란 지음이다. 사람과 신이 접하는 것이기 때문에 지음이라 이른다"[16] 공자는 "조상을 제사 지낼 때 앞에 계시는 듯하는 것"[17]이라고 하였다. 『중용(中庸)』에서는 "돌아간 이 섬기기를 살아 있는 듯이 하는 것"[18]이라고 했다. 국가에서는 환구[圜丘: 천단(天壇)]가 있어 천신(天神)을 제사지내고, 방택[(方澤): 지단(地壇)]이 있어 지지(地祇)를 제사 지냈으며, 사[(社): 토지신(土地神)]직[(稷):곡신(穀神)]의 제사를 가장 으뜸으로 받들었고, 왕가(王家)에는 종묘(宗廟), 사가(私家)에는 가묘(家廟)가

---

14) 『禮記』, 「祭統」, "祭者 所以追養繼孝也"
15) 『尚書大傳』 「洛誥」, "祭者 察也 言人事至於神也"
16) 『廣雅』 「釋言」 孝經士章疏, "祭者 祭也 人神相接 故曰際也"
17) 『論語』 「八佾」, "祭如在"
18) 『中庸』, "事死如事生 事亡如事存"

있어 조상의 제사를 정성껏 모셨다. 이 모든 제사는 유교의 가르침을 따른 것으로 조선시대에 들어와서는 거의 『주자가례(朱子家禮)』를 기본으로 삼아왔었다.

1. 일반 가정에서 봉행해 온 제사의 종류

① 사당(祠堂)에 올리는 제의(祭儀): 대종, 소종은 집안에 사당을 모시고 있다. 사당에는 고조 이하 4대 신위를 봉안하고 있는데, 초하루(朔) 보름(望)에는 분향(焚香)하고 기일(忌日)에는 제사를 드린다. 집안에 중대한 일이 생겼을 때는 고유하고 색다른 음식이 생겼을 때는 먼저 사당에 드리고 계절에 신미(新味)가 났을 때도 마찬가지이다.

② 사시제(四時祭): 사계절에 드리는 제사로 중월(2월, 5월, 8월, 11월)에 사당에서 지낸다. 전달 하순에 택일을 한다.

③ 시조제(始祖祭) 혹은 초조제(初祖祭): 조를 잇는 대종손이 제주가 되어 동지에 지낸다. 동지는 일양(一陽)이 시생(始生)하는 날이라 이를 상징하는 뜻에서 맨 처음의 시조제사를 지니는 것이다.

④ 선조제(先祖祭): 초조 이하 고조 이상을 입춘에 제사지낸다. 입춘은 생물지시(生物之始) 곧 만물이 싹트는 날이기 때문에 이를 상징해 선조들을 제사지내는 것이다.

⑤ 이제(禰祭): 아버지의 사당에 계추(季秋: 음력 9월)에 지내는 제사 계추는 성물지시, 곧 만물이 성장하기 시작하는 무렵이라 이를 상징해 조상 중에 가장 가까운 아버지 제사를 지낸다.

⑥ 묘제(墓祭): 산소에 지낸다. 대개 기제(忌祭)로 받들지 않는 조상에게 드리는 제향이다. 3월(음력)에 택일한다.

⑦ 기제(忌祭): 돌아가신 날, 곧 기일(忌日)에 지낸다. 사대봉사(四代奉祀)라고 해서 4대를 지내며 해당되는 신위에만 드린다.

2. 『주자가례(朱子家禮)』에 의한 기제사(忌祭祀) 준비과정

① 하루 전에 재계(齋戒)한다.

② 설위(設位)한다.

③ 정침(正寢)을 깨끗이 쓸고 닦아 제상(祭床)을 베푼다.

④ 제청의 서북쪽 벽 아래에 남향으로 고서비동(考西妣東: 아버님 신위는 서쪽, 어머님 신위는 동쪽으로 베풀 것.

⑤ 진기(陳器): 재상 앞에는 향안(香案: 향을 놓는 탁자)을 베풀고 그 위로 향로 향함을 놓는다. 모사(茅沙: 속모취사束茅聚沙)는 그 앞에 놓는다. 향안 옆에 축판, 제주 병, 퇴줏그릇을 놓는다.

⑥ 구찬: 제기를 깨끗이 씻어 제수를 올릴 채비를 한다.

⑦ 설소과 주찬(設蔬果酒饌): 제상에 제수를 올린다.

3. 제상(祭床)에 진설(陳設)하는 차례

① 실과를 올린다. 속례에 따라 홍동백서(紅東白西: 붉은 것은 동쪽, 흰 것은 서쪽)로 놓는다. 혹은 대추(棗), 밤(栗), 배(梨), 감(柿), 귤(橘),

사과…… 순으로 놓는다.

② 조과(造果: 유밀과 산자)는 맨 앞줄 실과 가운데 놓는다.

③ 말린 고기(脯), 젓갈(醢), 절인나물(沈菜) 맑은 간장(淸醬), 익힌 나물(熟菜)을 올린다.

④ 수저그릇(匙楪盞)을 올린다.

※ 제사(祭祀)를 진설(陳設)할 때 오른쪽은 동쪽, 왼쪽은 서쪽으로 구분한다.

· 좌포우해(左脯右醢) – 포(脯)는 왼쪽, 식해(醢)는 오른쪽에 놓음.

· 어동육서(魚東肉西) – 어류(魚類)는 동쪽, 육류(肉類)는 서쪽으로 놓음.

· 두동미서(頭東尾西) – 생선머리(首)는 동쪽, 꼬리(尾)는 서쪽으로 놓음.

· 홍동백서(紅東白西) – 과실이나 조과(造果)의 붉은색은 동쪽, 흰색은 서쪽으로 놓음.

· 조율이시(棗栗梨柹) – 서쪽에서부터 대추(棗),밤(栗), 배(梨), 감(柿) 기타과일을 놓음.

· 생동숙서(生東熟西) – 나박김치(生菜)는 동쪽에 숙채(熟菜: 익힌 나물)는 서쪽으로 놓음.

· 좌반우갱(左飯右羹) – 메(飯)는 왼쪽에 국(羹)은 오른쪽에 놓는 것은 모두 『주자가례(朱子家禮)』에서 비롯된 것이다.

※ 오탕오적(五湯五炙)과 삼탕삼적(三湯三炙), 기타 제물

· 오탕(五湯): ① 소탕(素湯: 고기를 넣지 않고 맑은 장에 끓인 국),

② 육탕(肉湯: 고깃국), ③ 어탕(魚湯: 생선국), ④ 봉탕(鳳湯: 닭국), ⑤ 잡탕

- 오적(五炙): ① 소적(素炙: 두부와 북어 등으로 만든 적), ② 육, ③ 어적, ④ 봉적, ⑤ 채소 적.
- 삼탕(三湯): ① 소탕, ② 육탕, ③ 어탕
- 삼적(三炙): ① 소적, ② 육적, ③ 어적
- 삼색채소(三色菜蔬): ① 시금치, ② 고사리, ③ 도라지
- 침채(沈菜): 나박김치
- 청장(淸醬): 진하지 않는 간장
- 떡(餠)
- 청밀(淸蜜): 꿀, 조청
- 포(脯): 북어, 건대구, 건전복, 건상어, 암치(소금에 절임), 오징어, 육포
- 유과류(油果類): 산자, 채소강정, 매작강정
- 당속류(糖屬類): 옥춘, 오화당, 빙당, 각당, 원당, 매화당 등 설탕에 졸여서 만든 것
- 다식(茶食): 녹말 송화(松花) 검은깨 등의 가루를 다식판에 박아 만든 유밀과
- 정과(正果): 연근, 생강, 과실 등을 꿀에 저린 것
- 실과(實果): 생실과와 숙실과(熟實果)

1) 진설도(陳設圖)

〈표 1〉 아버님(考位)이나 어머님(妣位)의 단위제사(單位祭祀) 진설(陳設)

신위(神位)

수저(匙箸)	밥(飯)	잔(盞)	국(羹)	초(醋)
면(麵)	육(肉)	적(炙)	어(魚)	떡(餠)
육탕(肉湯)	채소탕(菜蔬湯)	어탕(魚湯)		
포(脯)	숙채(熟菜)	청장(淸醬)	식해(醢)	김치(沈菜)
과일(棗)	과일(栗)	과일(梨)	일(杮)	과일(橘) 과일(사과)

모사
(茅沙)

향로(香爐)
향함(香函)

축판
(祝板)

〈표 2〉 아버님(考位)이나 어머님(妣位)의 양위제사(兩位祭祀) 진설(陳設)

신위(神位)

밥(飯) 잔(盞) 국(羹) 시접(匙箸) 초(醋) 밥(飯) 잔(盞) 국(羹)
면(麵) 떡(餠) 육(肉) (육전) 적(炙) (소전) (어전) 어(魚) 면(麵) 떡(餠)
조청(淸蜜)　　　　　　　　　　　　　　　　　　　　　조청(淸蜜)
포(脯) 수채 간장 젓갈 김치 회(膾) (김) (묵) (계란) (두부)
(대추) (밤) (배) (감) (사과) (귤) (잣) (호도) (약과) (다식) (산자) (과자)

괄호하지 않는 것은 원 진설도(陳設圖)에 규정된 진설법이고, ( )안에
있는 것은 지방과 가례(家禮)에 따라 약간 변경할 수 있음.

모사
(茅沙)

향로(香爐)
향함(香函)

축판
(祝板)

〈표 3〉 양위(兩位: 아버님과 어머님) 진설(陳設). 속례(俗例)에 따름

```
                    신위(神位)

 서쪽(左)                                      동쪽(右)
  메(飯)  국(羹)  시접(匙楪)  메(飯)  국(羹)  잔(盞)  잔(盞)
        떡(餻)  산적(三色炙)  떡(餻)  면(麵)
  고기저냐(肉煎油)  나물저냐(蔬煎油)  생선저냐(魚煎油)
    고기탕(肉湯)  나물탕(蔬湯)  생선탕(魚湯)
 포(脯)  숙채(熟菜)  청장(淸醬)  나막김치(沈菜)  식해(食醢)
      실과  실과  조과  조과  실과  실과
```

```
       향안
      (香案)
```

축판(祝版) 향로(香爐) 향합(香盒) 술병, 퇴줏그릇

〈표 4〉 주자가례제찬도(朱子家禮祭饌圖)

```
                    신위(神位)

    메(飯)  잔(盞)  수저(匙楪)  초(醋)  국(羹)
  국수(麵)  육물(肉物)  적(炙)  어물(魚物)  떡(餻)
 포해(脯醢)  소채(蔬菜)  포해(脯醢)  포해(脯醢)  소채(蔬菜)  포해(脯醢)
  과일(棗)  과일(栗)  과일(梨)  과일(柿)  과일(橘)
```

```
     향로(香爐)
     향함(香盒)
     모사(茅沙)
```

4. 제사(祭祀) 지내는 순서

1) 강신(降神): 강신이란 신위께서 "강림하시어 음식을 흠향하시라"
   는 것이다

① 분향재배(焚香再拜): 제관 이하 모든 참사자(參祀者)가 차례로 선
   뒤 제주가 향안 앞에 꿇어앉아 분향한 뒤 재배(再拜)한다.
② 뇌주재배(酹酒再拜): 제관이 향안 전에 꿇어앉으면 우집사(右執
   事)가 술병을 들고 제주의 오른편에 꿇어앉고 좌집사(左執事)가
   잔대를 낸다. 우집사가 술을 따르고 제주는 술을 모사 위에 전
   부 기울인다. 그런 뒤 좌집사는 잔을 받아 윗전에 올려놓는다.
   그다음 제관은 재배(再拜)하고 제자리로 돌아간다.

2) 참신(參神): 신위가 오셨다고 생각하고, 모든 제관들이 일제히 재배
   (再拜)를 올린다

3) 진찬(進饌)

① 각 탕을 올린다.
② 저냐(煎油魚)를 올린다.
③ 각색 적(산적, 누름적)을 올린다.
④ 편(떡)과 메(밥)를 올린다.
⑤ 국을 올린다.
⑥ 어동육서(魚東肉西: 생선류는 동쪽, 고기류는 서쪽, 나물류는 가

운데)로 놓는다(탕과 저냐, 산적도 마찬가지이다).

⑦ 메를 왼편에 국을 오른편에 놓는 것은 속설로 따를 필요는 없다.

4) 초헌(初獻)

① 제주가 올리는 첫 잔이다.

② 술잔에 7부 정도만 술을 채워 올린다.

③ 제물에 젓가락을 얹는다.

5) 독축(讀祝)

① 초헌한 제주는 꿇어앉아 있고 축문을 읽는 사람이 제주 왼편에 꿇어앉아 읽는다.

② 축문읽기가 끝나면 제주가 재배(再拜)하고 제자리로 돌아간다.

6) 아헌(亞獻): 두 번째 올리는 술잔으로 종부(宗婦)나 주부(主婦)가 올린다

7) 종헌(終獻): 세 번째 올리는 술잔으로 제관 중에 제일 나이가 많은 어른이 올린다

8) 유식(侑食): 유식이란 첨작(添酌: 술잔을 채움)하고 삽시(揷匙: 수저를 꽂음)하고 정저하고 재배(再拜)하는 절차를 말한다

① 7부 정도로 채워져 있는 술잔에 술을 조금 더 따른다.

② 메 그릇 뚜껑을 열고 숟가락을 꽂는다.

③ 제물 위에 얹어 놓았던 젓가락을 다른 제물 위로 옮겨 놓는다.

9) 합문(闔門)

① 문을 닫고 제관이 밖으로 나간다. 문이 없는 곳에는 불을 조금 낮춰 어둡게 한다.

② 제관들이 조용히 시립한다.

10) 계문(啓門)

① 제관은 세 번 기침소리를 내고 안으로 든다. 불을 밝게 한다.

② 국을 물리고 숭늉(혹은 다茶)을 올린다.

③ 메를 숟가락으로 조금씩 떠서 숭늉에 만다(속례로 세 번 정도).

④ 잠시 시립해 있다가 수저를 거둔다.

11) 사신(辭神): 제관은 일동 재배한다

12) 납주(納主): 사당이 있는 집안에서는 신주를 다시 사당으로 모신다

13) 철상(撤床)

① 지방 제사면 지방을 불사른다.
② 제사에 참여했던 친족들이 음식을 나눠 음복(飮福)한다.

※ 명절제사의 절차
① 축문이 없다.
② 술 올리는 것도 단작(單酌)으로 한다.
③ 우리 풍속에 따라 설에는 메 대신 떡을 올리고 추석에는 햇곡식, 햇과일을 쓴다.

5. 제사 지내는 시간

『주자가례』에 의하면 고인이 돌아가신 날의 첫 시각(時刻)에 지내는 것이다. 다시 말해서, 해시말(亥時末)에서 자시초(子時初)가 된다. 이것은 대략 밤 11시 30분에서 12시 사이이다. 근래에 와서는 편리상 저녁시간에 지내는 것을 새 풍습으로 여기고 있지만 반드시 돌아간 날 저녁 어둠이 짙은 후에 올려야 할 것이다. 제례(祭禮)는 정(情)에서 우러나와야 하는 것으로 시간보다는 정성과 성의가 문제된다는 것을 명심해야 한다.

6. 지방(紙榜) 쓰는 방식

1) 여자분의 경우

아래에서 예컨대, <돌아가신 우리 고조할머니(顯高祖妣孺人)>의 <본관(本貫)은 밀양(密陽)>이고, <성씨(姓氏)는 박씨(朴氏)이다>. 그러므로 아래와 같이 고조할머니의 신위는 다음과 같다.

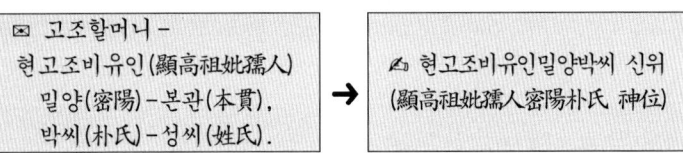

※ 고조비, 증조비, 조비, 비(妣: 돌아가신 어머니)도 마찬가지 서식으로 써야 한다.

2) 남자분의 경우

선조의 벼슬이 없으면 학생(學生), 처사(處士)라고 쓰고, 벼슬이 있으면 학생이나 처사대신·정일품 숭정대부(正一品 崇祿大夫)·사헌부 대사헌(司憲府 大司憲)·종 2품 가선대부(嘉善大夫)·관찰사의 감사(觀察使의 監司)·승정원 우승지(承政院 右承旨) 등 관등(官等)이나 벼슬이름을 쓴다. 자식이나 아들의 지방을 쓸 경우는 손아래이므로 이름을 쓰고 신위(神位)라고 쓰지 않고 영(靈)으로 쓴다. 아들의 경우는 망(亡)자, 아내의 경우는 실(室)자, 남편의 경우는 벽(辟)자로 써야 한다.

3) 지방은 깨끗한 한지에 먹을 갈아 붓글씨로 쓰며 길이 22cm, 너비는 6cm 정도로 쓰면 된다.

고조부모	증조부모	조부모	부모
顯高祖妣密陽朴氏　神位 현고조비 밀양박씨 신위 顯高祖考處士(學生)府君　神位 현고조고처사(학생)부군 신위	顯曾祖妣章敬夫人金海金氏　神位 현증조비 자경부인 김해김씨 신위 顯曾祖考弘文館大提學府君　神位 현증조고 홍문관 대제학부군 신위	顯祖妣淑夫人坡平尹氏　神位 현조비 숙부인 파평윤씨 신위 顯祖考司憲府大司憲府君　神位 현조고 사헌부 대사헌부군 신위	顯妣孺人慶州崔氏　神位 현비 유인 경주최씨 신위 顯考學生(處士)府君　神位 현고 학생(처사)부군 신위

백부모	숙부모	형 내외	동생 내외
顯伯母孺人慶州金氏　神位 현백모 유인 경주김씨 신위 顯伯父學生(處士)府君　神位 현백부 학생(처사)부군 신위	顯叔母孺人仁川李氏　神位 현숙모 유인 인천이씨 신위 顯叔父學生(處士)府君　神位 현숙부 학생(처사)부군 신위	顯兄嫂孺人江陵劉氏　神位 현형수 유인 강릉유씨 신위 顯兄學生(處士)府君　神位 현형 학생(처사)부군 신위	亡弟嫂孺人青松沈氏　神位 망제수 유인 청송심씨 신위 亡弟學生(處士)在恩(이름)　神位 망제 학생(처사) 재은(이름) 신위

자식 내외	아들	처	남편	아버지
亡婦全州李氏 之靈 亡子秀才相榮(이름) 之靈 亡子秀才相榮(이름) 之靈 망부전주이씨 망자수재상영(이름) 지영	亡子秀才炳碩(이름) 之靈 亡子秀才炳碩(이름) 之靈 망자수재병석(이름) 지영	亡室孺人仁川蔡氏 神位 망실유인인천채씨 신위	顯辟學生(處士)府君 神位 현벽학생(처사)부군 신위	顯考學生(處士)府君 神位 현고학생(처사)부군 신위

7. 제사축문(祭祀祝文)의 해설과 서식

▶ 선고(先考: 아버님) 기일축문의 예시 1

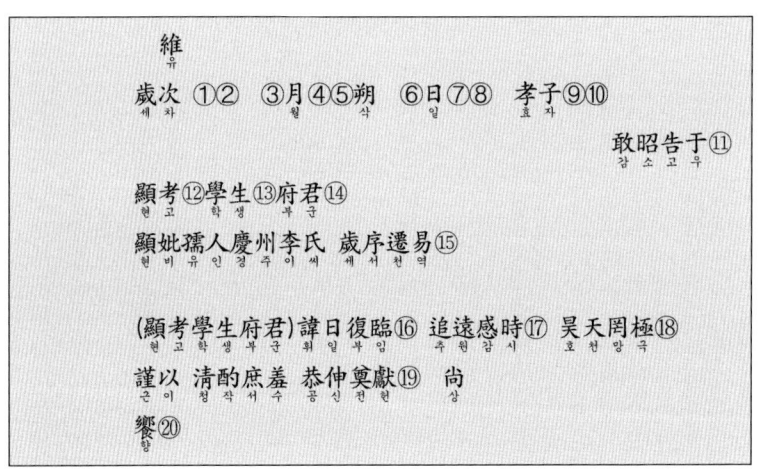

維
유

歲次 ①② ③月④⑤朔 ⑥日⑦⑧ 孝子⑨⑩
세차 월 삭 일 효자

敢昭告于⑪
감소고우

顯考⑫學生⑬府君⑭
현고 학생 부군

顯妣孺人慶州李氏 歲序遷易⑮
현비유인경주이씨 세서천역

(顯考學生府君)諱日復臨⑯ 追遠感時⑰ 昊天罔極⑱
현고학생부군 휘일부림 추원감시 호천망극

謹以 清酌庶羞 恭伸奠獻⑲ 尚
근이 청작서수 공신전헌 상

饗⑳
향

1) 연 태세(年 太歲)

연(年) 태세(太歲)는 60갑자이다. 60년마다 같은 갑자가 돌아온다는 말이다. 이것을 우리는 인생에서 환갑(還甲)을 맞는다고 말하는 것과 같다. 이것이 기제축문 혹은 기타축문에서 세차(歲次) 다음에 쓰는 연 간지(年 干支) 혹은 연 태세(年 太歲) 즉, ① ②에 해당된다.

육십갑자(六十甲子)

(壬辰), 辛卯, 庚寅, 乙丑, 戊子, 丁亥, 丙戌, 乙酉, 甲申, 癸未, 壬午, 辛巳, 庚辰, 乙卯, 戊寅, 丁丑, 丙子, 乙亥, 甲戌, 癸酉, 壬申, 辛未, 庚午, 乙巳, 戊辰, 丁卯, 丙寅, 乙丑, 甲子, 癸亥, 壬戌, 辛酉, 庚申, 乙未, 戊午, 丁巳, 丙辰, 乙卯, 甲寅, 癸丑, 壬子, 辛亥, 庚戌, 乙酉, 戊申, 丁未, 丙午, 乙巳, 甲辰, 癸卯, 壬寅, 辛丑, 庚子, 乙亥, 戊戌, 丁酉, 丙申, 乙未, 甲午, 癸巳, 61번째 다시 (壬辰)이 돌아옴

---

2) 월별(月別) 초하루 일진(初 一日 日辰)은 위의 ④⑤번에 해당된다.

월별 초하루 간지(干支)

壬寅, 癸卯, 甲辰, 乙巳, 丙午, 丁未, 戊申, 乙酉, 庚戌, 辛亥, 壬子, 癸丑

---

3) 일진(日辰)으로서 위의 ⑦ ⑧번에 해당된다.

4) 월(月)은 제사 달을 말하고, 일(日)의 날짜는 제삿날이 되며 ③ ⑥에 해당된다.

5) 아버지의 제사 축문일 때는 「효자(孝子)○○」로 쓰고, 조부모께는 「효손(孝孫)○○」 증조부모께는 「효증손(孝曾孫)○○」 고조부모께는 「효현손(孝玄孫)○○」이라고 쓰며, 이것은 위의 ⑨ ⑩에

해당된다.

6) 감소고우(敢昭告于): 「삼가 고하나이다.」의 의미로 고위(考位)분 이상께 쓰며, 아내에게는 「소고우(昭告于)」로 쓰고, 아우나 항렬이 낮은 자는 「고우(告于)」로 쓴다. 이것은 ⑪번에 해당된다.

7) 현(顯)은 「자손이 돌아가신 조상을 높이는 말」이고, 「제위(祭位)에 대한 경칭(敬稱)」이다. 아버지에 대해서는 현고(顯考), 어머니는 현비(顯妣), 할아버지는 현조고(顯祖考), 할머니는 현조비(顯祖妣), 아내는 고실(故室)로써 ⑫번에 해당된다.

8) 학생(學生)은 생전에 벼슬하지 못하고 사신 분 즉, 처사(處士)도 마찬가지다. 벼슬이 있으면 종이품 가선대부(從二品 嘉善大夫)의 관등(官等)명을 쓰고, 여자도 유인(孺人) 대신에 정경부인(貞敬夫人)등 품계와 벼슬이름을 쓴다. 이것은 ⑬번에 해당된다.

9) 부군(府君)은 「남자조상에 대한 존칭」이다. 여자는 부군대신 「관향과 성씨」를 쓴다. 예컨대, 관향이 김해이고, 성이 김이라면 「유인김해김씨孺人金海金氏」라고 쓴다. 이것은 ⑭번에 해당된다.

10) 세서천역(歲序遷易)은 「해가 바뀌었다」는 말로 ⑮번이다.

11) 휘일부림(諱日復臨)은 「현고학생부군휘일부림顯考學生府君諱日復臨」「아버님 돌아가신 날아 다시 돌아왔다.」 그날 제사 드리는 신위에 따라 써야 한다. 어머님 제삿날이면 「현비유인경주김씨휘일부림顯妣孺人慶州金氏諱日復臨」이라 쓴다. 이것은 위 ⑯번에 해당된다.

12) ⑰번의 추원감시(追遠感時)는 「아픈 마음을 이기지 못하여」라는 의미이다.

13) 호천망극(昊天罔極)이란 단어는 특히 부모제사(顯考, 顯妣)때만

쓴다. 고조부모, 증조부모, 조부모께는 불승영모(不勝永慕)로 바꾸어 쓰고, 남편의 제사일 때는 애통무이(哀痛無已), 아내에게는 불승비고(不勝悲苦) 자식에게는 심훼비념(心燬悲念)으로 쓰고, 방조(傍祖: 六代祖 이상의 형제)께는 불승감창(不勝感愴)이라고 쓴다. 이것은 ⑱에 해당된다.

14) 공신전헌(恭伸奠獻)은 「음식을 공손히 올린다.」는 뜻이고, 아내와 자식에게 축문을 쓸 때는 진비전의(陳比奠儀) 물론 근이(謹以)를 자이(玆以)로 바꾸어 써야 한다.

15) 상향(尙饗)은 「흠향(歆饗)하시옵소서」라는 의미를 갖고 말미에 쓴다.

▶ 선비(先妣: 어머님) 기일축문의 예시 2

維
유
歲次(太歲干支)〇月(初하루日辰)朔〇日(日辰) 孝子〇〇
세 차 태 세 간 지   월 초   일 진 삭   일   일 진   효 자
                                                   敢昭告于
                                                   감 소 고 우
顯考學生府君
현 고 학 생 부 군
顯妣孺人〇〇 〇氏 歲序遷易
현 비 유 인   씨 세 서 천 역
顯妣孺人〇〇 〇氏諱日復臨 追遠感時
현 비 유 인   씨 휘 일 부 림 추 원 감 시
昊天罔極 謹以 淸酌庶羞 恭伸奠獻 尙
호 천 망 극 근 이 청 작 서 수 공 신 전 헌 상
饗
향

▶ 조고(祖考: 할아버지) 기일축문의 예시 3

維
유

歲次(太歲干支)○月(初하루日辰)朔○日(日辰) 孝孫○○
세 차 태 세 간 지   월 초   일 진 삭 일 일 진   효 손

敢昭告于
감 소 고 우

顯祖考學生府君
현 조 고 학 생 부 군

顯祖妣孺人○○ ○氏 歲序遷易
현 조 비 유 인   씨 세 서 천 역

顯祖考學生府君諱日復臨 追遠感時
현 조 고 학 생 부 군 휘 일 부 림 추 원 감 시

不勝永慕 謹以 清酌庶羞 恭伸奠獻 尚
불 승 영 모 근 이 청 작 서 수 공 신 전 헌 상

饗
향

▶ 조비(祖妣: 할머니) 기일축문의 예시 4

維
유

歲次(太歲干支)○月(初하루日辰)朔○日(日辰) 孝孫○○
세 차 태 세 간 지   월 초   일 진 삭 일 일 진   효 손

敢昭告于
감 소 고 우

顯祖考學生府君
현 조 고 학 생 부 군

顯祖妣孺人○○ ○氏 歲序遷易
현 조 비 유 인   씨 세 서 천 역

顯祖妣孺人○○ ○氏諱日復臨 追遠感時
현 조 비 유 인   씨 휘 일 부 림 추 원 감 시

不勝永慕 謹以 清酌庶羞 恭伸奠獻 尚
불 승 영 모 근 이 청 작 서 수 공 신 전 헌 상

饗
향

▶ 증조고(曾祖考: 증조할아버지) 기일축문의 예시 5

維
유
歲次(太歲干支)○月(初하루日辰)朔○日(日辰) 孝曾孫○○
세 차 태 세 간 지　월 초　　일 진 삭　일　일 진　효 증 손

敢昭告于
감 소 고 우

顯曾祖考學生府君
현 증 조 고 학 생 부 군

顯曾祖妣孺人○○ ○氏 歲序遷易
현 증 조 비 유 인　씨 세 서 천 역

顯曾祖考學生府君諱日復臨 追遠感時
현 증 조 고 학 생 부 군 휘 일 부 림　추 원 감 시

不勝永慕 謹以 淸酌庶羞 恭伸奠獻 尙
불 승 영 모 근 이　청 작 서 수 공 신 전 헌　상

饗
향

▶ 증조비(曾祖妣: 증조할머니)기일축문의 예시 6

維
유
歲次(太歲干支)○月(初하루日辰)朔○日(日辰) 孝曾孫○○
세 차 태 세 간 지　월 초　　일 진 삭　일　일 진　효 증 손

敢昭告于
감 소 고 우

顯曾祖考學生府君
현 증 조 고 학 생 부 군

顯曾祖妣孺人○○ ○氏 歲序遷易
현 증 조 비 유 인　　씨 세 서 천 역

顯曾祖妣孺人○○ ○氏諱日復臨 追遠感時
현 증 조 비 유 인　씨 휘 일 부 림　추 원 감 시

不勝永慕 謹以 淸酌庶羞 恭伸奠獻 尙
불 승 영 모 근 이　청 작 서 수 공 신 전 헌　상

饗
향

▶ 고조고(高祖考: 고조할아버지)기일축문의 예시 7

維
유

歲次(太歲干支)○月(初하루日辰)朔○日(日辰) 孝玄孫○○
세 차 태 세 간 지 월 초 일 진 삭 일 일 진 효 현 손

敢昭告于
감 소 고 우

顯高祖考學生府君
현 고 조 고 학 생 부 군

顯高祖妣孺人○○ ○氏 歲序遷易
현 고 조 비 유 인 씨 세 서 천 역

顯高祖考學生府君諱日復臨 追遠感時
현 고 조 고 학 생 부 군 휘 일 부 림 추 원 감 시

不勝永慕 謹以 淸酌庶羞 恭伸奠獻 尙
불 승 영 모 근 이 청 작 서 수 공 신 전 헌 상

饗
향

▶ 고조비(高祖妣: 고조할머니)기일축문의 예시 8

維
유

歲次(太歲干支)○月(初하루日辰)朔○日(日辰) 孝玄孫○○
세 차 태 세 간 지 월 초 일 진 삭 일 일 진 효 현 손

敢昭告于
감 소 고 우

顯高祖考學生府君
현 고 조 고 학 생 부 군

顯高祖妣孺人○○ ○氏 歲序遷易
현 고 조 비 유 인 씨 세 서 천 역

顯高祖妣孺人○○ ○氏諱日復臨 追遠感時
현 고 조 비 유 인 씨 휘 일 부 림 추 원 감 시

不勝永慕 謹以 淸酌庶羞 恭伸奠獻 尙
불 승 영 모 근 이 청 작 서 수 공 신 전 헌 상

饗
향

▶ 남편 기일축문의 예시 9

維
유
歲次(太歲干支)○月(初하루日辰)朔○日(日辰) 婦(姓氏)氏
세차 태세 간지 월 초   일 진 삭   일 일진 부 성씨 씨

敢昭告于
감 소 고 우

顯辟學生府君 歲序遷易
현 벽 학 생 부 군 세 서 천 역

顯辟學生府君諱日復臨 追遠感時
현 벽 학 생 부 군 휘 일 부 림 추 원 감 시

昊天罔極 謹以 清酌庶羞 恭伸奠獻 尚
호 천 망 극 근 이 청 작 서 수 공 신 전 헌 상

饗
향

▶ 아내(妻) 기일축문의 예시 10

維
유
歲次(太歲干支)○月(初하루日辰)朔○日(日辰) 夫○○○
세차 태세 간지 월 초   일 진 삭   일 일진   부

昭告于
소 고 우

故室孺人○○ ○氏 歲序遷易
고 실 유 인   씨 세 서 천 역

故室孺人○○ ○氏亡日復至 不勝悲悼[혹은 不自勝感]
고 실 유 인   씨 망 일 부 지 불 승 비 도   부 자 승 감

茲以 清酌庶羞 伸此奠儀 尚
자 이 청 작 서 수 신 차 전 의 상

饗
향

▶ 형(兄) 기일축문의 예시 11

維
유

歲次(太歲干支)○月(初하루日辰)朔○日(日辰)　弟○○
세차 태세 간지　월 초　　일 진 삭　일 일 진　　해

敢昭告于
감 소 고 우

顯兄學生府君歲序遷易
현 형 학 생 부 군 세 서 천 역

顯兄學生府君諱日復臨　情何悲痛
현 형 학 생 부 군 휘 일 부 림　정 하 비 통

謹以　淸酌庶羞　恭伸奠獻　尚
근 이　청 작 서 수　공 신 전 헌　상

饗
향

▶ 동생(弟) 기일축문의 예시 12

維
유

歲次(太歲干支)○月(初하루日辰)朔○日(日辰)　兄○○
세차 태세 간지　월 초　　일 진 삭　일 일 진　　형

告于
고 우

亡弟○○　歲序遷易
망 제　　　세 서 천 역

亡弟○○亡日復至　情何可處　玆以　淸酌　陳此奠儀　尚
망 제　　망 일 부 지　정 하 가 처　자 이　청 작　진 차 전 의　상

饗
향

▶ 아들(子) 기일축문의 예시 13

維
유
歲次(太歲干支)○月(初하루日辰)朔○日(日辰)　父
세 차 태 세 간 지　월 초　　　일 진 삭　일 일 진　부
告于
고 우

亡子○○ 歲序遷易
망 자　　　세 서 천 역
亡子○○亡日復至 心燈悲念　茲以 淸酌 陳此奠儀　尙
망 자　　　망 일 부 지　심 해 비 념　자 이　청 작　진 차 전 의　상
饗
향

8. 묘제(墓祭)

묘제란 묘소에 가서 묘 앞에 제수를 진설하고 지내는 제사를 말하
는데, ① 한식(寒食)과 ② 9월 9일, 그리고 ③ 10월의 세 차례 가운데
적당한 시기를 택해서 단 한 번 지낸다. 묘제를 지내는 범위는 오대
조(五代祖) 이상의 조상에 한해서만 지내는데 그 행사 절차는 모두 기
일제(忌日祭)와 같고 다른 점이 있다면 초헌(初獻)때 입시정저(入匙正
筯)하는 것 합문(闔門)과 계문(啓門)의 절차가 없다는 것뿐이다.

1) 한식축문(寒食祝文)

維
유

歲次(太歲干支)○月(初하루日辰)朔○日(日辰) ○代孫○○
세 차 태 세 간 지   월 초   일 진 삭   일 일 진   대 손

敢昭告于
감 소 고 우

顯○代祖考學生府君
현 대 조 고 학 생 부 군

顯○祖妣孺人○○ ○氏之墓 氣序流易
현 조 비 유 인   씨 지 묘 기 서 유 역

雨露旣濡 瞻掃 封塋 采增感慕 謹以 清酌庶羞 祗薦歲事 尚
우 로 기 유 첨 소 봉 영 미 증 감 모 근 이 청 작 서 수 지 천 세 사 상

饗
향

2) 9월 9일 축문(九月九日祝文)

維
유

歲次(太歲干支)○月(初하루日辰)朔○日(日辰) ○代孫○○
세 차 태 세 간 지   월 초   일 진 삭   일 일 진   대 손

敢昭告于
감 소 고 우

顯○代祖考學生府君
현 대 조 고 학 생 부 군

顯○祖妣孺人○○ ○氏之墓 氣序流易 霜露旣降 瞻掃
현 조 비 유 인   씨 지 묘 기 서 유 역 상 로 기 강 첨 소

封塋 彌增感慕 謹以 清酌庶羞 祗薦歲事 尚
봉 영 미 증 감 모 근 이 청 작 서 수 지 천 세 사 상

饗
향

3) 10월 시사축문(十月時事祝文)

```
維
유
歲次(太歲干支)〇月(初하루日辰)朔〇日(日辰) 〇代孫〇〇
세차 태세간지      월 초      일진 삭   일  일진    대손

                                              敢昭告于
                                              감 소 고 우

顯〇代祖考學生府君
현  대 조 고 학 생 부 군

顯〇祖妣孺人〇〇 〇氏之墓 今以草木歸根之時 追惟報本
현  조 비 유 인      씨 지 묘 금 이 초 목 귀 근 지 시 추 유 보 본

禮不敢忘 瞻掃 封塋 不勝感慕 謹以  清酌庶羞 祗薦歲事  尚
예 불 감 망 첨 소 봉 영 불 승 감 모 근 이   청 작 서 수 지 천 세 사   상
饗
향
```

4) 산신축문(山神祝文)

산신축문은 한식, 구월구일, 10월 시사 어느 때를 막론하고 동일하다.

```
維
유
歲次(太歲干支)〇月(初하루日辰)朔〇日(日辰) 幼學〇〇〇
세차 태세간지      월 초      일진 삭   일  일진    유학

                                              敢昭告于
                                              감 소 고 우

土地之神〇〇 恭修歲事于  〇代祖考學生府君
토 지 지 신      공 수 세 사 우  대 조 고 학 생 부 군

〇代祖妣孺人〇〇 〇氏之墓
대 조 비 유 인      씨 지 묘

惟時保佑 實賴神休 敢以 清酌庶羞 敬  神奠獻  尚
유 시 보 우 실 뢰 신 휴 감 이 청 작 서 수 경  신 전 헌   상
饗
향
```

9. 사시제(四時祭)

사시제는 춘하추동 네 계절을 따라 조상들이 신주를 모시고 사당에서 제사를 지내왔다. 현재로는 사시제를 지니는 모습을 볼 수가 없다. 그러나 우리는 현재 우리가 사시제를 지내고 있지는 않지만 옛 조상들의 풍습을 이해하고 살피는 데는 정말 인색하지 말아야 한다. 그러므로 선인들이 행해오던 예법을 살펴보면서 과연 어떠한 의식과 절차가 있었는가를 알아보기로 한다.

1) 택일(擇日)

시제는 매년 중월(仲月)의 정일(丁日)이나 해일(亥日)을 가려서 한다. 중월(仲月)이란 2, 5, 8, 11월인데 중월 상순 중순 하순의 삼순 가운데 어느 때가 길한가를 가려내는 것이 택일하는 방법이다. 제주는 탁자 위에 향안을 놓고 분향한 뒤 교(珓) 두 개를 향로에 쏘여 쟁반 위에 던진다. 한 개는 엎어지고 한 개는 뒤집어져야만 길한 것이고, 두 개가 모두 엎질러지거나 뒤집어지면 불길한 것으로 여긴다. 상순이 길하면 상순에 제사를 행하기로 하고 불길하면 중순으로 점친다. 중순에 길한 괘가 나오면 중순으로 결정하고 중순도 불길하면 하순으로 넘어간다. 상순이나 중순 혹은 하순 가운데 정일이나 해일로 결정하면 주인 이하는 재배한다. 주인이 분향한 뒤 축문을 읽고 주인이 다시 재배하고 제 위치에 서면 일동은 모두 재배하고 물러난다. 제사일을 정하고 고하는 축은 다음과 같다.

孝孫〇〇將以來月〇日祇薦歲事于 祖考卜旣得吉[만약 하순으로 정
효손   장이래월 일지천세사우 조고복기득길
하면 "복기득길" 네 자를 뺀다.] 敢告
                                    감고

정침시제지도(正寢時祭之圖)

| 高祖考 | 曾祖考 | 祖考 | 考 |
| 高祖妣 | 曾祖妣 | 祖妣 | 妣 |

| 饌 饌 | 饌 饌 | 饌 饌 | 饌 饌 |
| 茅沙 祔位 | 茅沙 祔位 | 茅沙 祔位 | 茅沙 祔位 |

香案
主婦拜位 茅沙 主人拜位

--------------門--------門--------------門---

潔滌盆   徹酒器

盞盤

-------西階----------------------------阼階-----
        外執事
                    內執事

徹酒器	諸孫	長孫	燎	長孫婦	諸孫婦女	脫巾
進饌	諸子	長子		長婦	諸婦女	盥盆
	諸弟	主人		主婦	諸姉妹	
	諸兄				諸嫂妹	
	諸父				諸母姑	

천병준 ────────────────────────

경북대학교 대학원 철학과에서 석·박사과정을 졸업하고 철학박사학위를 받았다.

『강좌동양철학사상』
『왕부지의 내재적 기 철학』
『동양철학의 이해』
『무학대사의 도선비기』
「왕선산 기 철학의 본체론」
「왕부지 사론에서의 정제 개혁론」
「원시유가의 조화론」
「왕부지 기 철학의 내재관적 화생론」
「퇴계의 4·7논에서 인설에 대한 대설의 논리」
「퇴계의 성학십도에 나타난 주경의 진의」
「노자철학에서의 무의 생성론과 기능의 철학적 고찰」
외 다수

주자가례에서
비롯된
한국전통가례의
이해

초판인쇄 | 2012년 5월 1일
초판발행 | 2012년 5월 1일

엮 은 이 | 천병준
펴 낸 이 | 채종준
펴 낸 곳 | 한국학술정보㈜
주   소 | 경기도 파주시 문발동 파주출판문화정보산업단지 513-5
전   화 | 031) 908-3181(대표)
팩   스 | 031) 908-3189
홈페이지 | http://ebook.kstudy.com
E-mail | 출판사업부 publish@kstudy.com
등   록 | 제일산-115호(2000. 6. 19)

ISBN   978-89-268-3331-5 93150 (Paper Book)
        978-89-268-3332-2 98150 (e-Book)